# SIX SEMAINES
## EN
# ALGÉRIE

PAR LE

### Vicomte de PULLIGNY

CHEVALIER DE LA LÉGION-D'HONNEUR, OFFICIER DE L'INSTRUCTION PUBLIQUE
COMMANDEUR DE CHARLES III, ETC.

MEMBRE CORRESPONDANT DES SOCIÉTÉS SCIENTIFIQUES
DE FRANCE ET DE L'ÉTRANGER

---

**NOUVELLE ÉDITION**
Revue et considérablement augmentée, avec carte et portrait de l'auteur

---

PARIS
CANSON, ÉDITEUR
Rue des Beaux-Arts, 6
ET CHEZ L'AUTEUR, A ÉCOS, ANDELYS (EURE)
—
1884

# SIX SEMAINES

## EN

# ALGÉRIE

ROUEN. — IMPRIMERIE NOUVELLE. — L. TABOUILLOT

# SIX SEMAINES

## EN

# ALGÉRIE

### PAR LE

## Vicomte de PULLIGNY

CHEVALIER DE LA LÉGION-D'HONNEUR, OFFICIER DE L'INSTRUCTION PUBLIQUE
COMMANDEUR DE CHARLES III, ETC.

### MEMBRE CORRESPONDANT DES SOCIÉTÉS SCIENTIFIQUES
### DE FRANCE ET DE L'ÉTRANGER

---

**NOUVELLE ÉDITION**
Revue et considérablement augmentée, avec carte et portrait de l'auteur

---

## PARIS
### CANSON, ÉDITEUR
Rue des Beaux-Arts, 6
ET CHEZ L'AUTEUR, A ÉCOS, ANDELYS (EURE)
—
**1884**
Droits de traduction réservés

# SIX SEMAINES EN ALGÉRIE

## I

### Débarquement en Afrique.

La ville d'Alger ayant été désignée pour lieu de réunion du Congrès scientifique en 1881, j'ai quitté Paris le vendredi 1er avril, afin de pouvoir arriver le 14, jour fixé pour l'ouverture de la session.

J'avais ainsi l'avantage de consacrer près de deux semaines à la province d'Oran, de visiter celle d'Alger entre les séances du Congrès, et de terminer par Constantine.

Pour un Parisien tenant essentiellement à voir beaucoup sans retourner sur ses pas, il était indispensable de suivre cette méthode : quinze jours attribués à chacun des trois départements formaient un total de six semaines, temps arrêté pour mon excursion.

Après avoir traversé la France et l'Espagne, je me suis embarqué à Valence, et, le 6 au matin, j'étais en vue de l'Afrique, puis de la ville d'Oran.

Bientôt le paquebot prend quai et une multitude d'indigènes aux costumes les plus variés se précipite à notre bord, les uns se disputant nos bagages, d'autres nous poursuivant de leurs obsessions, tous parlant un idiome barbare composé de phrases arabes accidentées de langue roumy.

Cependant Oran, avec sa vieille citadelle suspendue comme un nid d'aigle au flanc d'une haute falaise, nous sourit derrière une allée de beaux platanes, entremêlés de figuiers élastiques, aux branches chargées de fleurs d'éphémères grimpants *(tradescentia)*, ou de grandes convolvulacées *(ipomœa leari)* aux splendides corolles du bleu le plus pur.

Entourés de notre cortége bariolé, nous atteignons la place principale et, après avoir choisi un gîte convenable, il m'est enfin permis de contempler à l'aise cette population si nouvelle pour moi.

Il y avait là des hommes des races les plus variées : les uns au front saillant, d'autres à la mâchoire fuyante, avec oscillation de la courbe frontale ; ici le type Berbère ; là le Maure, le Juif, l'Arabe pur, le Bédouin ; celui-ci de Mascara, celui-là de Mostaganem, de Milianah, de Tlemcen ; puis de beaux nègres du Soudan et de la Nigritie, tranchant par le noir d'ébène de leur peau sur les tons jaunes, bruns ou bistrés. Pas un mot de français mais chacun, ravi de l'étonnement peint sur mon visage, me jetait en passant le nom de sa tribu que j'inscrivais sur mon carnet après avoir pris note de sa conformation et de son costume. Grâce au bon vouloir de tous ces braves gens, je fus bientôt familiarisé avec les principaux types arabes de la province de l'Ouest, et je me suis félicité, bien des fois depuis, d'avoir débuté sur la terre d'Afrique par cette étude indispensable à tout voyageur sérieux.

---

## II

## La ville d'Oran. — Quartiers Français, — Espagnol, Maure, — Arabe, — Nègre.

Oran, ville de 45,000 âmes, la plus importante de l'ouest dont elle est le chef-lieu, offre à l'étranger visitant pour la première fois l'Afrique française un curieux contraste, cachet des grands centres de l'Algérie.

En effet, chaque quartier y représente une cité à part, d'un caractère tranché, où les races les plus disparates, vivant dans des habitations propres à leurs tribus, conservent leurs usages, leurs costumes nationaux, et se perpétuent dans les mêmes milieux sans jamais se mésallier.

La partie française est tracée à l'européenne; les maisons, à toitures élevées, sont à plusieurs étages et couvertes d'enseignes, d'écriteaux, de vulgaires affiches; les rues alignées, aboutissant à des places régulières, sont sillonnées de diligences, de voitures de promenade avec vaste parasol, de lourdes charrettes chargées de caisses; une population affairée, hommes et femmes aux toilettes démodées se croisent dans tous les sens, contrastant par une agitation fébrile avec le calme des indigènes aux burnous blancs.

De tous côtés, de petits négrillons à demi vêtus arrêtent les passants pour cirer leurs chaussures ; des charretiers, entravés dans leur marche, s'injurient ; des crieurs vendent nos plus mauvaises feuilles périodiques ou les produits de la presse locale.

Dans la cité espagnole, les rues deviennent plus étroites ; les maisons, aux combles déprimés, sont couvertes de tuiles faîtières rouges, imbriquées les unes sur les autres. De rares habitants, coiffés d'un simple mouchoir noué autour de la tête, quelquefois du *sombrero* aux larges bords, et portant sur l'épaule l'*alhamar*, couverture de grosse laine rouge, passent, roulant leur cigarette avec insouciance ; les femmes, vêtues d'étoffes aux couleurs voyantes, babillent accoudées à leurs fenêtres grillées, ou pincent nonchalamment les cordes de leurs guitares traditionnelles.

Plus loin, le quartier maure, avec murailles blanchies à la chaux ; point de jours au dehors ; une seule porte très basse, conduisant par un sombre passage à la cour intérieure, décorée d'une galerie par laquelle on accède aux chambres. Puis les villes nègre et arabe, composées de petites cellules carrées au toit complétement plat, entourées d'une cour murée ; ce ne sont pas les moins intéressantes de cette région exotique, où les voitures ne peuvent plus circuler tant les ruelles deviennent étroites.

Dans les carrefours ou sur les places, une foule de gens à la haute stature, jambes et souvent pieds nus ; de belles juives dont les robes de soie brochée d'or font encore ressortir la distinction ; des mauresques emballées des pieds à la tête, laissant apercevoir de grands yeux noirs au-dessus du haïk qui leur couvre la face ; car ici, comme dans tout l'Orient musulman, la femme mariée ne peut paraître en public sans être complètement voilée; or, les filles maures et arabes étant fiancées à dix ans et mariées à douze, il n'est permis de juger les types féminins que d'après des créatures toutes jeunes, à la physionomie charmante, gentilles il est vrai dans leurs manières, mais aux allures un peu sauvages.

Elles portent avec une grâce enfantine le costume de leurs mères, et les plis harmonieux de ces étoffes flottantes donnent un semblant de noblesse à leur démarche; les plus pauvres même, malgré les lambeaux dont elles sont couvertes, présentent en petit la dignité de la femme, car le drapé exclut toute défaillance dans le vêtement.

Les Européens ne pénètrent dans ces quartiers qu'avec une extrême réserve; aussi suis-je heureux de pouvoir retracer les impressions causées par la première vue d'une ville complètement arabe, que j'ai été à même de contempler seul et loin de toute espèce de gêneurs.

## III

Les remparts. — Les bains de la Reine. — La mosquée. — Le mouezzin. — Le général Cerez. — Excursion à Misserghin. — Le grand Marabout. — L'agha d'Oran. — Un Khalifâat. — Le père Abram. — Les écoles des Sœurs.

Le général Cerez, commandant militaire de la province d'Oran, est un homme fort aimable ; il m'accueille chaleureusement et me fait, avec beaucoup de bienveillance, les honneurs de son palais, ancienne résidence du bey ; c'est bien la plus pure expression du style mauresque civil, associé au génie stratégique espagnol.

Au dedans, les riches salles, soutenues par des colonnes torses de marbre blanc, sont éclairées par des fenêtres inscrites dans de charmantes ogives ; les murailles, ornées de dessins ciselés avec un art infini, communiquent par de larges portiques à des jardins suspendus, remplis des fleurs les plus rares ; au dehors, de hautes courtines crénelées, des fossés avec glaçis à embrasures, présentent un ensemble de défenses redoutables, battant la mer ainsi que les divers quartiers de la ville.

Trois forts superposés : Santa-Cruz, Saint-Gregorio et Lamoune, couvrent la rade de leurs feux. Depuis peu, Santa-Cruz a été abandonné à cause de sa position par trop escarpée.

Les Espagnols, en possession de la ville d'Oran pendant deux siècles et demi, en avaient fait un lieu de déportation pour les *présidarios* (forçats); ils y furent employés à élever ces formidables remparts, ce qui explique comment un tel travail, véritable ouvrage de galériens, sut résister, près de trois cents ans, au ravage du temps, et surtout aux sièges successifs que la place eut à soutenir.

Le général m'engage beaucoup à commencer de suite mes excursions; il me garantit la tranquillité de la province qui, jusqu'ici, ne semble pas s'émouvoir des affaires de Tunisie.

En sortant du palais, j'entre dans la mosquée où, par exception, le prêtre veut bien m'introduire, après avoir emboîté mes bottes dans de larges babouches; le monument, d'aspect un peu froid, est formé de séries de lourdes colonnes accouplées supportant une vaste voûte. En avant de l'édifice, une cour avec galerie couverte est décorée d'une fontaine de marbre; des Arabes se pressent en foule pour y faire leurs ablutions.

Je remercie le grand marabout, et saluant le joli minaret du haut duquel le mouezzin appelle les croyants à la prière, je me dirige par les promenades vers les *Bains de la Reine*, source minérale située au fond d'une grotte sur les bords de la mer. Ces eaux dont la réputation s'étendait autrefois jusqu'aux confins de la Tunisie, furent assidûment fréquentées par l'Infante Jehanne, fille d'Isabelle la Catholique, au temps où la noblesse espagnole, après la prise d'Oran, en fit un lieu de plaisance très recherché. En l'honneur de la princesse, elles prirent le nom de *Bains de la Reine*.

J'avais quitté la grotte et j'étais monté en voiture pour

aller visiter les jardins de Misserghin, lorsque j'aperçus un Arabe vêtu d'un superbe et très riche costume : il était facile de reconnaître un chef de rang supérieur ; aussitôt, en ma qualité de touriste, je mets pied à terre, et allant droit à lui, je lui présente une de mes cartes sur laquelle je le prie de m'écrire une recommandation pour les tribus nomades.

L'Arabe, flatté, s'exécute de bonne grâce, et trace en beaux caractères allant de droite à gauche, trois lignes dont voici la traduction :

*Aide et protection au Seigneur porteur de la carte! Que personne ne l'approche! Que tous lui donnent facilité pour tout voir !*

Voilà, certes, une carte d'introduction qui vaut bien les lettres, si souvent stériles, dont on se charge au départ.

Ce personnage, comme je l'appris depuis, est le Khalifaât ou chef indigène de la province.

Bientôt après, deux excursionnistes, M. et M<sup>me</sup> Houzé de l'Aulnoit, demandèrent à se joindre à moi ; ces rencontres sont toujours une bonne fortune, car, outre le plaisir momentané qu'elles procurent, elles contribuent à alléger les frais, ce qui n'est jamais à dédaigner lorsqu'il s'agit d'aller le plus loin possible, avec une somme déterminée.

Nous quittons la ville et gravissons une côte rapide au galop de nos deux chevaux ; le conducteur prétend que la voiture est moins lourde à cette allure ; pauvres bêtes ! pour toute récompense, elles auront ce soir un peu d'orge mélangée de paille hachée.

Laissant sur la gauche le pavillon où réside l'agha (sous-gouverneur) et ses six femmes, nous suivons une chaussée bien entretenue, croisant à chaque instant des caravanes de chameaux chargés de feuilles de palmiers nains destinées à fabriquer le crin végétal et des étoffes grossières.

De temps en temps apparaît un Arabe à la belle prestance, levant fièrement sa superbe tête, suivi d'une femme portant au dos un petit enfant. Quelquefois, le père le tient lui-même sur un bras, conduisant de l'autre un âne qu'il enfourche tout à fait à l'arrière ; souvent aussi, il mène l'animal à pied, avec l'enfant dans un panier et les légumes dans l'autre.

A mesure que nous approchons, la campagne, un peu monotone, devient plus mouvementée ; des maisons et des enclos bordent les côtés de la route ; des arbres, méthodiquement espacés, abritent des champs cultivés avec soin ; puis, une avenue de faux poivriers (*Schinus mollis*) nous mène à la porte même de l'Orphelinat.

Misserghin est une colonie agricole organisée d'après le système de celle que M. de Metz créa près de Tours, à Mettray. Elevée sur l'emplacement de l'ancienne habitation de plaisance des beys d'Oran, elle fut fondée en 1851 par le père Abram qui transforma les immenses jardins du harem, en les appropriant aux exigences des cultures modernes. Un personnel de trappistes, non moins érudits que leur savant supérieur, dirige et surveille jusqu'aux moindres détails les nombreux pensionnaires dont nous avons été à même d'apprécier l'excellente tenue.

Après avoir été reçus avec beaucoup d'affabilité, on nous fait visiter en détail les divers services de cet établissement modèle ; les ateliers de constructions de machines agricoles, ceux de charronnage, de forge, de serrurerie, de menuiserie, de peinture ; les magasins, le musée, la bibliothèque ; tout y fonctionne à merveille et fait le plus grand honneur aux hommes dévoués qui ont su entreprendre la lourde tâche de moraliser en enseignant. Les jardins surtout offrent un intérêt capital au point de vue de l'acclimatation et du reboisement des territoires de l'Ouest.

Voici des allées de mûriers, de figuiers, de thuyas, sur lesquels se détachent les bractées écarlates de la bougainvillée, ou les thyrses bleu pâle du plumbago du Cap ; des caroubiers *(ceratonia)* aux gousses succulentes, ombragent des champs de mandariniers chargés de fleurs et de fruits. Ici, une escouade de quarante jeunes enfants greffe, sous la direction d'un chef éclairé, une pépinière de pamplemousses *(citronniers sauvages)* destinés à devenir de beaux orangers fertiles.

Plus loin, d'autres enfants détachent les branches florales de dattiers mâles, et vont les placer dans les régimes des palmiers, qui, sans ce soin, resteraient stériles. Et ceci est un fait bien étrange : le dattier, arbre essentiellement africain, ne peut rapporter de fruits, même dans les oasis du Sahara, sans avoir été préalablement fécondé artificiellement ; il faut deux sujets mâles par cent cinquante pieds femelles.

Chaque palmier, en plein rapport, peut donner de 8 à 10 régimes fournissant 70 à 80 kilogrammes de dattes par an ; de plus, les feuilles sont employées pour les clôtures et les gourbis ; avec les filaments, on tresse les nattes, les couffins (corbeilles) ; les nervures *(djerid)* sont exportées en Europe et servent à confectionner d'élégantes badines ; la sève donne une boisson salutaire ; enfin, on utilise le tronc de l'arbre aux constructions et à l'étançonnage des puits et des citernes.

La flore de l'Australie est largement mise à contribution dans cette intelligente école de sylviculture : les Casuarina, les variétés d'Eucalyptus sont au nombre de milliers de pieds mis chaque année à la disposition des services publics.

Un fort cours d'eau, débitant cinquante litres par seconde, sillone la propriété dans tous les sens, donnant à ces différentes cultures la fraîcheur nécessaire à leur développement.

Cette longue promenade nous avait ramenés peu à peu à l'entrée de la colonie, mais, avant de quitter les excellents Pères, nous voulûmes visiter encore deux établissements hospitaliers situés dans le voisinage : l'un est un orphelinat de jeunes filles, concédé aux Dames Trinitaires d'Oran, et l'autre, un couvent de Dames de Bon Secours, dont le but est de recueillir les pauvres petites abandonnées.

Je ne dirai rien de la tenue intérieure : dortoirs, réfectoirs, lingeries, cuisines, tout, malgré la modeste simplicité du local et de l'ameublement, est un modèle d'ordre et de propreté; mais notre surprise fut grande de voir, en pénétrant dans les classes, la façon nette et précise, l'assurance même avec lesquelles ce petit monde répondait à nos questions, épellant, comptant, lisant beaucoup plus couramment et avec bien moins d'accent que les enfants de nos propres campagnes. Ce résultat est vraiment prodigieux si l'on songe aux différentes nationalités qui se pressent sur les bancs de l'école.

L'éducation est surtout l'objet d'un soin particulier, et la politesse des petites élèves nous a frappés autant que leur instruction relativement très avancée.

Quant aux bonnes sœurs, rien de plus touchant que leur sollicitude pour ces pauvres orphelins qui les adorent. Il est vrai que, pour les remercier de tant de sacrifices et d'abnégation, on les tourmente bien un peu en leur enlevant leurs grandes filles arabes, afin de les laïciser....

Il se faisait tard, et nous revenions prendre congé du

père Abram, quand il eut la charmante idée de nous faire goûter une certaine liqueur, appelée mandarine, fabriquée avec l'écorce de ce fruit, et un vin fait avec la pulpe.

— Quelle exquise liqueur, m'écriai-je, nous n'avons rien de pareil en France !

Et tous, d'un commun accord, nous nous en fîmes expédier (une caisse de 6 litres vaut 30 francs, c'est donné !); un joli caméléon pris par moi sur un bananier fut joint à l'envoi. Je l'ai retrouvé depuis à Paris, et j'ai pu l'offrir au Museum en parfait état ainsi que d'autres reptiles d'Afrique.

Il a conservé la faculté de changer de couleur selon les milieux où il vit. Quelle fortune par le temps qui court, et que d'études à faire sur cette petite bête profondément ironique !

## IV

Les Flamants du lac Sebkhâ. — Le Rio-Salado. —
Aïn-Temouchent. — Ville royale de Tlemcen. —
Les mosquées. — Le Méchouard. — Les cafés
Maures.

Je dis un dernier adieu à la ville d'Oran, ancien *portus magnus* de la province romaine; je contemple une dernière fois les hautes murailles de la forteresse et la montagne de Santa-Cruz, dont les vignes se couvrent de feuilles; je suis du regard le vaisseau *Le Tourville* prenant la mer après avoir embarqué, en rade, des troupes pour la Tunisie; puis, longeant le mur de la petite cour où le bey faisait couper des têtes pour divertir ses femmes pendant le café, j'arrive à la place Kléber, décorée de quatre beaux palmiers, et je monte en diligence pour Tlemcen.

Longtemps nous côtoyons, à distance, le grand lac salé de Sebkhâ, célèbre par une légende remontant à la conquête de l'Algérie. Il paraît que, vers cette époque, un détachement français aperçut une innombrable légion d'Arabes, et se décida à battre en retraite, car la lutte était impossible; or, un soldat s'étant retourné reconnut avec stupeur que les ennemis étaient changés en flamants. Ces oiseaux, au nombre de plusieurs milliers, exécutaient une charge à fond; vus de loin, ils avaient absolument l'aspect de cavaliers vêtus de burnous roses.

Bientôt, nous nous dirigeons vers le sud, et, traversant le Rio-Salado, petit fleuve à l'eau saumâtre, dont le nom rappelle l'occupation espagnole, nous arrivons à Aïn-Temouchent, seule ville intéressante de cette longue route. Elle fut construite sur l'emplacement de *Timici civitas*, citée par Pline, au bord de la plaine de Zidour, la plus étendue de l'Algérie. Quelques ruines romaines et de belles eaux alimentant des moulins donnent de l'intérêt à ce pays appelé à un brillant avenir, par sa situation au centre d'une contrée fertile.

A mesure que nous approchons de Tlemcen, les cultures prennent de l'importance; la vigne surtout est représentée par de nombreux plants bien entretenus.

Des jardins, de grands vergers sont couverts de figuiers, de cerisiers, de jujubiers. On récolte ici, malgré l'altitude de 8 à 900 mètres, tous les fruits des zones tempérées : pommes, pêches, amandes, olives.

Tlemcen, ancienne capitale d'un royaume maure, est une place forte avec enceinte continue bastionnée, très originale à cause de ses quartiers arabes, de ses rues tourmentées, à petites maisons basses surmontées de terrasses, et séparées par des cours. Les murailles, blanchies à la chaux, portent l'empreinte d'une main trempée dans le sang d'un agneau, ou simplement dans de l'ocre rouge, usage que les Arabes d'Afrique, comme ceux d'Asie, ont adopté des Juifs. C'est une tradition de l'agneau pascal, conservée en signe de conjuration contre les sorts. Au centre de la ville, s'élève la vieille citadelle nommée Méchouar, ancien palais des émirs, qui tint si longtemps contre Abd-el-Kader.

C'était autrefois un séjour enchanté, où des princes, amis et protecteurs des sciences et des arts, s'étaient plu à accumuler les merveilles de toutes sortes, produits de l'intelligence et du génie arabes : ouvrages de littérature, d'histoire, de poésie, d'algèbre, de calculs transcendants, de magie, d'histoire naturelle; instruments d'astronomie, de mathématiques, d'alchimie; cartes terrestres et sidérales; puis, des meubles d'un luxe inouï, de riches armures, des pièces d'orfèvrerie ciselée, des bijoux et une multitude d'objets d'un goût et d'un travail absolument hors ligne.

On y voyait un prodigieux arbre d'argent, chargé des oiseaux les plus rares, avec leurs couleurs naturelles reproduites par des émaux fondus sur le métal; un jeu d'anches et de sifflets, habilement adapté au chant de chaque espèce, reproduisait, grâce au souffle du vent, les mélodieux concerts dont la nature seule avait eu jusque-là le secret.

Au palais du roi, était la fameuse horloge où le serpent symbolique, s'enroulant doucement autour d'un buisson, atteignait peu à peu le sommet et fondait tout-à-coup, avec un sifflement sinistre, sur une couvée de petits oiseaux que la mère affolée cherchait à défendre. Au dessus, un cadran indiquait les différentes évolutions des principaux astres de notre système planétaire; puis, vers le bas, une jeune et belle esclave désignait du doigt, à des intervalles réguliers, un livre sur lequel chaque heure apparaissait sous un nouveau verset du Coran. Deux grands aigles, planant dans l'espace, mettaient en mouvement le mécanisme compliqué de la remarquable machine. Cette horloge, antérieure de deux cents ans à celle de Strasbourg, remontait au XIV$^e$ siècle.

Aujourd'hui le Méchouar, complétement déchu de son antique splendeur, ne renferme plus que des établissements militaires, une mosquée et une centaine d'habitants; quant à la ville, malgré de nombreux sièges suivis d'incendie et de pillage, malgré surtout la fièvre malsaine de l'alignement à la française, elle possède encore quelques beaux édifices, quoique en bien petit nombre, par rapport à son passé.

La grande mosquée, monument de cinquante mètres carrés, renferme à l'intérieur une cour entourée de portiques avec colonnes supportant les travées à arceaux en ogive; le pavage ainsi que la fontaine à ablutions sont en onyx; la coupole à jour est ornée d'une foule d'arabesques où s'entrelacent des versets du Coran et l'inscription rappelant la date le l'édifice, 530 de l'hégyre (1136 de J.-C.)

Au dehors et sur l'angle N.-O. s'élève un gracieux minaret rectangulaire, revêtu de terres cuites émaillées, d'une grande variété de dessins; ces mosaïques, encastrées dans des colonettes de marbre, produisent un ensemble du plus charmant effet et rappellent, par leur harmonie, le campanille de Florence, chef-d'œuvre du Giotto, sans toutefois atteindre sa majestueuse élévation (35 mètres au lieu de 258 pieds).

Une autre mosquée, située à l'angle de la rue Haëdo, présente à l'intérieur trois immenses travées avec arcatures en fer à cheval, reposant sur des colonnes en onyx; les murailles décorées de belles sculptures, supportent un plafond de bois de cèdre finement ciselé, recouvert autrefois de peintures polychromes dont les vestiges, épars çà et là, donnent un précieux spécimen de l'art arabe à la fin du XIII$^e$ siècle.

Les rues de Tlemcen, de même que ses monuments, présentent au touriste un attrait tout à fait nouveau. Mille costumes des plus variés se croisent sur les places et les chaussées : burnous blancs et gris, jambes noires des Soudaniens, femmes voilées laissant apercevoir un seul œil dans un coin de l'épaisse étoffe qui les enveloppe, Arabes superbement drapés, Juifs craintifs, Maures, M'zabites, Marocains aux immenses chapeaux, tout cela vit pêle-mêle, bravant le soleil d'Afrique, ou dormant couché en travers du chemin.

Sur un marché, un indigène est accroupi devant une natte; il vend un lot de ferraille très usée : vieux fers à cheval, vieux mors, vieux éperons cassés, rouillés; l'ensemble vaut bien vingt sous, et il y en a trente de ces étalages; d'autres offrent aux passants un tas de menu bois ou des débris de charbon glané sur la route derrière les voitures; ceux-ci proposent des légumes : il y a des salades, des artichauts, des aubergines, des céleris, des radis roses de 18 centimètres de long, des fritures de rougets, de petites soles, etc.

Des fellahs passent avec leurs vaches, de grands sloughis de montagnes les accompagnent; des chameaux chargés d'halfah, des ânes avec des provisions de bois ou de diss, sorte d'herbe employée comme l'halfah au tissage des étoffes les plus usuelles; puis un chef à cheval suivi de trois domestiques à pied, ou bien deux vieux Juifs montés sur la croupe d'une bourrique étriquée; de temps en temps une cigogne s'élève du minaret de la mosquée, sur lequel on aperçoit un gros nid fait de paille; d'autres arrivent, un serpent dans le bec, et destiné aux petits.

Presque à chaque porte, un café maure ouvre ses salles enfumées aux innombrables oisifs qui fréquentent les quartiers arabes; à l'intérieur, les hommes étendus sur des divans le long des murs, leur tasse ou le narghilé à la main, écoutent avec un religieux recueillement ce que chantent sur un rythme monotone et d'un ton nazillard, sept musiciens couchés sur des nattes au fond du café, s'accompagnant de la mandoline ou zita et du tambourin. Voici la traduction d'un fragment de ces couplets :

> Celle que j'aime est sous son voile
> Semblable à la céleste étoile.

Ici, le chanteur incline la tête sur le côté, et, d'un accent profondément convaincu, il continue :

> Sa lèvre est rose et son œil noir
> A tout l'éclat des feux du soir
> Sa voix me transporte et m'enivre
> A ses pieds, qu'il est doux de vivre !

et ainsi de suite pendant des heures entières.

Voilà comment les Arabes passent leur journée, et s'ils s'éloignent pour prendre leur repas, faire leurs ablutions ou se rendre à la mosquée, on les retrouve encore sur les mêmes bancs à une heure avancée de la nuit. N'aspirant plus à aucune jouissance intellectuelle, ce peuple, dont les besoins matériels sont très limités, consacre son existence à la vie contemplative. Son oisiveté est le fait de sa nonchalance, et tout son bonheur se résume dans une inertie qui tient au fatalisme de sa race.

## V

Le peintre Simoni. — Cérémonie des Aïssaouas. — Rapprochement avec les derviches tourneurs, les fakyrs, les pythonisses, les convulsionnaires.

J'avais souvent entendu parler des Aïssaouas comme d'une secte fanatique, descendant d'un marabout célèbre nommé Aïssa. Cet homme très austère, après avoir accompli une foule de prodiges pendant sa vie, avait transmis à ses disciples, par une faveur spéciale du prophète, la faculté de subir impunément toute espèce de tortures.

Les Aïssaouas se rassemblant une fois par semaine dans un quartier retiré de la ville, j'accepte avec empressement l'offre du peintre Simoni, dont l'atelier, voisin du lieu de réunion, nous permettra d'observer à notre aise, les différentes phases de cette cérémonie religieuse.

Le soir, au milieu de l'obscurité profonde, s'ouvre tout-à-coup devant nous une large porte donnant accès à une cour éclairée de lampes fumeuses ; au centre, est un arbre ; contre un mur, une douzaine de musiciens accroupis sur des nattes font entendre le bruit assourdissant de leurs instruments. Arrivent vingt Arabes qui se rangent devant les musiciens et, se prenant par les bras, commencent à danser, nous tournant le dos; leur allure est étrange, leurs mouvements saccadés; la violence inouïe avec la quelle ils balancent la tête alternativement d'avant en arrière, fait redouter des accidents cérébraux; en effet, un homme tombe, les membres absolument crispés, il est en catalepsie; on l'emporte, un autre prend sa place. Le tapage infernal redouble avec les accès des croyants, car ce sont de vrais croyants, se mettant en cet état par conviction et non pour de l'argent.

Au plus fort de la danse, les femmes maures et arabes, groupées sur toutes les terrasses, ou réunies dans les embrasures des arcades, font entendre derrière leur voile des *you-you* gutturaux, dont les accents passionnés excitent encore ces malheureux; alors les uns se jettent sur le réchaud allumé pour brûler les parfums et raidir la peau des *derbouckas*; d'autres se font serrer avec une corde tirée par dix hommes et tombent à leur tour suffoqués.

De nouvelles salves de *you-you* frénétiques accueillent la chute de chaque victime; le rang se resserre et la danse devient furibonde, échevelée, car on enlève le turban et les vêtements de l'Arabe à mesure qu'il s'entraîne.

Au bout de deux heures, il reste à peine trois hommes debout, haletants, hurlant comme des bêtes fauves, tournant autour de l'arbre avec une vitesse étourdissante, puis roulant à leur tour sur le sol.

Ces exercices terrifiants, bien faits pour inspirer la pitié, méritent quelques explications, car les Aïssaouas ne sont qu'une des sectes exaltées ayant de tout temps exploité le besoin de merveilleux des populations crédules de l'Orient, et employé toutes des moyens également violents.

L'Europe était encore plongée dans les ténèbres de l'obscurantisme quand l'empire d'Orient atteignait l'apogée de sa splendeur, et le fanatisme religieux, appuyé sur une théocratie puissante, avait dû faire appel aux sciences occultes pour créer du nouveau et rehausser l'éclat de son prestige.

Les Marabouts, les Santous, comme les Fakyrs de l'Inde, tous ambitieux, moitié croyants et moitié charlatans, pratiquaient les jeûnes, s'imposaient les privations les plus austères, se mutilaient, se tailladaient, livrant leur corps aux plus épouvantables tortures, pour obtenir la vénération des fidèles.

Le religieux derviche, en sa qualité de moine pieux, cherche à perdre l'individualisme, la connaissance du moi, et il aspire à noyer cet individualisme étroit, borné, misérable, dont il a conscience, dans l'infini, dans *Allah*. Pour sortir de la prison des sens, autant que pour arriver à s'étourdir et à perdre connaissance au point de n'être plus l'esclave de ce moi humain, il se livre à des exercices étranges, tournant violemment sur lui-même dans une valse folle, comble de l'insanité, qui lui donne peu-à-peu le vertige, puis le délire, et finit par le plonger dans une voluptueuse extase.

La musique, les chants l'aideront dans sa transmutation, car la mélodie est la voix de l'esprit, comme le langage ordinaire est celle des besoins matériels; les parfums, tout imprégnés de poésie, contribueront à lui faire quitter le monde inférieur pour les sphères idéales; en opposition avec les senteurs désagréables qui inspirent un sentiment de répulsion, ils transportent l'âme par une exaltation factice.

Toutes ces œuvres du fanatisme sont donc combinées pour faire perdre l'état sensuel et procurer cette volupté appelée la vie de l'esprit; aussi commandentelles le respect, bien qu'elles mènent à la folie extravagante, sans aucun but utile; elles doivent également inspirer la commisération à tout étranger témoin de ces exercices barbares.

De même que les Orientaux, les Anciens eurent leurs pythonisses qui trouvaient, dans les pratiques du magnétisme et surtout de la vision extatique, de ces paroles prophétiques de nature à en imposer, car on ne saurait croire que des peuples civilisés, comme étaient les Phéniciens, les Grecs ou les Romains, aient pu être dupes un seul instant.

A toutes les époques, le surnaturel a donc été exploité, et nous avions encore en France, il y a à peine un siècle, des convulsionnaires, jansénistes fanatisés, qui, sur la tombe du diacre Pâris, se torturaient volontairement, cherchant dans d'affreuses souffrances, résultant de la trépidation nerveuse du corps, les jouissances délicieuses de la vie extatique.

Nous retrouverons les Aïssaouas à Alger, et, comme à Tlemcen, nous pourrons constater les effets surprenants d'un fanatisme religieux poussé jusqu'à ses dernières limites, et s'expliquant par ce fait que la religion est à la fois une vertu et une passion; quand elle n'est plus qu'une passion, qui peut s'étonner de l'étrangeté de ses excès? Toute passion pousse aux extrêmes.

## VI

Le général Louis. — Le capitaine Petit-Maire. — Forêt de Taterni et d'Afir. — La mer d'Halfah. — Caravanseraï d'Aïn-Ghorabah. — Le ricanement de la hyène. — Une chasse à la panthère.

J'ai toujours eu pour principe en voyage d'explorer un pays nouveau sous tous ses aspects ; il n'était donc guère possible de venir en Afrique sans chercher au moins à voir quelque grand fauve.

Tous les jours, les animaux sauvages fuient devant notre civilisation envahissante. Sans parler des hippopotames, des éléphants qui existaient autrefois dans le Deren et sont confinés aujourd'hui non loin du vingtième degré, c'est-à-dire d'une ligne allant du Sénégal à la sixième cataracte du Nil; sans rappeler le monstrueux python de Bagradas, actuellement rivière Mezdjerda sortant de l'Atlas pour se jeter dans la Méditerranée entre Utique et Carthage, contre lequel Regulus employa de puissantes machines de guerre (255 ans avant J.-C.), on peut citer le lion de l'Atlas, si commun au moment de la conquête, et maintenant fort rare; l'ours de Numidie, la gazelle, l'autruche et plusieurs autres, refoulés de plus en plus dans le sud.

Je jugeai le général Louis, commandant la subdivision de Tlemcen, plus à même que tout autre de me faciliter les moyens de satisfaire ma légitime curiosité. Sitôt qu'il eût connaissance de mes projets :

— Venez demain matin à dix heures, me dit-il avec bonté ; je vais réunir mon état-major et je vous rendrai réponse.

Le lendemain, dix heures finissaient de sonner à la grosse horloge du Méchouar, quand je me présente, plein d'espérance. Deux officiers sont là : l'un, Alata, interprète de l'armée ; l'autre, Petit-Maire, capitaine au premier bataillon d'Afrique ; couvert de poussière, il arrive de Sebdou, notre dernier poste près du Maroc.

Sur l'ordre du général, ces messieurs se mettent à ma disposition.

Je laisse provisoirement Alata, et je pars de suite avec Petit-Maire. Cet officier, considéré parmi les plus braves, a déjà tué onze hyènes et une foule d'autres fauves : onces, lynx, etc.

— La vue des bêtes féroces, ou même leurs rugissements, vous l'ignorez peut-être, me dit l'officier chemin faisant, causent une grande émotion, presque de l'effroi à celui qui les rencontre ou les entend pour la première fois à l'état sauvage ; pensez-vous être bien sûr de vous maîtriser à ce moment et de ne pas prendre la fuite ?

— Ah ! dam ! je n'en sais absolument rien, monsieur l'officier, toutefois je vous promets de faire pour le mieux. En Amérique, dans les forêts du Michigan et sur les bords des grands lacs, j'ai combattu seul, autrefois, l'ours noir aux terribles griffes ; mais en Afrique, je n'ai jamais chassé de fauves.

— La hyène, reprit-il, n'est pas précisément comme le pensent certains voyageurs au coin du feu, une bête timide et inoffensive ; il est vrai qu'elle évite la présence de l'homme, mais quand elle est chassée, si on la blesse au lieu de la tuer, elle fond sur le chasseur et lui broie un membre en un clin d'œil, car, de tous les félins, c'est celui dont les mâchoires sont les plus redoutables.

— Eh bien ! je tâcherai de la tuer ; toutefois, soyez assez bon pour me laisser tirer le premier, et si je manque, alors seulement vous ferez feu.

— C'est un devoir de courtoisie auquel je ne saurais me soustraire, répond l'officier, en véritable gentilhomme.

Du reste, nous étions assez bien armés : chacun un fusil, calibre douze à percussion centrale ; à droite, cinq chevrotines, à gauche, douze ; plus nos revolvers et nos couteaux.

Nous suivons une route très accidentée, montant toujours vers le sommet des montagnes ; de loin en loin des troupeaux de moutons et de vaches, des tentes d'Arabes nomades, quelques cigognes, des alouettes huppées, deux ou trois gros corbeaux.

Voici la forêt de Taterni s'étendant sur la gauche de Terni ; à droite les crêtes des rochers se fondent sous les épais fourrés de la forêt d'Afir ; de ce point, on aperçoit la mer d'Halfah, plaine immense, puis les collines des Douze Apôtres environnant Sebdou, et plus loin, les montagnes du Maroc.

Il est six heures quand nous arrivons au caravansaraï d'Aïn-Ghoraba, à 1,500 mètres d'altitude. C'est une vaste enceinte carrée, avec murailles crénelées, puits, écuries ouvertes adossées en appentis, et pavillons d'habitation aux quatre angles.

Le capitaine a campé là hier avec sa colonne, au bord d'une fontaine ; un mulet mort a été abandonné.

Vite, nous y courons, mais les hyènes et les chacals

ont tout dévoré ; il ne reste que l'échine. Diable ! comment faire ? il n'y a pas un moment à perdre ; la nuit va venir dans une heure.

A cinq cents mètres de la route et à mi-côte est un douar de six ou huit tentes. J'y grimpe ; déception ! les Arabes n'ont que des vaches. Je rentre au caravansérai, et, à force de chercher, je découvre un mouton qui trahit sa présence par ses bêlements. J'achète la bête, je la fais tuer, avec la précaution de répandre le sang sur l'échine du mulet afin de la rendre encore alléchante ; le recommande ensuite à deux Arabes d'extraire les viscères et de traîner le tout sur un long parcours en se tenant sous le vent, absolument comme nous préparons en France les *tromperies* pour la chasse du renard au *piège allemand* ; puis je dispose mon *carnage* à vingt mètres de notre affût.

*Minuit.* — Deux hyènes ricanent au loin en se répondant sur deux tons ; un chacal glapit plus près de nous que les hyènes.

*Une heure.* — Le froid est terrible et d'autant plus sensible que nous ne faisons pas un mouvement.

*Deux heures.* — Guignon ! les chiens du douar font un vacarme infernal, car j'ai recommandé de les attacher dans la crainte d'une méprise, et puis, voilà qu'on se croirait en Normandie : le rossignol chante, la petite outarde et le grand duc chantent aussi ; un coq se réveille et bat des ailes, un cheval ronfle.

*Deux heures et demie.* — Je n'y tiens plus ; j'ouvre doucement la porte de l'enceinte et nous remontons la route.

Tout-à-coup, un cri rauque, sauvage, étrange, retentit à cent mètres en avant.

A terre ! à terre ! couchons-nous vite, me dit l'officier, c'est une panthère !

Je me précipite sur les genoux; la bête se rapproche toujours; quelques mètres encore, et nous allons la découvrir; peut-être aurons-nous le temps de la tirer au jugé si elle ne vient jusqu'à nous, car la lune trop faible est voilée par les nuages; mais, hélas! le bruit s'éloigne dans la direction de la forêt.

Alors désespéré, haletant sous l'étreinte d'une indicible émotion, je me lève, après avoir prié l'officier de rester en place, et, avec un élan que j'ai peine aujourd'hui à m'expliquer, je me livre à une course furieuse, insensée, sur le chemin suivi par la panthère. J'avais tellement retrouvé mes vingt ans, que je n'ai pas mis une minute à parcourir deux cents mètres. Mon idée était celle-ci: Si la bête féroce était indécise à attaquer, nous voyant deux, elle n'hésiterait pas à se jeter sur moi, me sachant seul, et alors! je pourrais la tirer, la tuer peut-être!... à moins que!... mais, non, dans ces moments solennels, on ne songe pas à ces choses-là...

Je m'arrête, essoufflé, j'écoute. Rien! rien, maudite bête! Peut-être me guette-t-elle derrière un buisson. Je m'embusque près d'un rocher; j'attends, cherchant à percer l'obscurité qui devient plus intense, car la lune va se coucher. J'espère encore voir deux gros yeux briller dans les ténèbres. Je désire presque avoir comme Bombonnel, un œil transporté à la hauteur de l'oreille par un coup de griffe clandestin. C'était de la démence!

Les hyènes ricanaient toujours au loin; j'entends un pas, mais c'est celui de l'officier; il est inquiet, il vient me chercher car il faut retourner; nous avons laissé le caravenséraï ouvert, et les Arabes peuvent bien nous épier et voler nos chevaux; alors, comment faire pour revenir? Enfin, c'est une partie remise; quelles vilaines bêtes de bêtes!

A quatre heures on n'y voit plus ; je crois cependant distinguer un animal qui court presque dans mes jambes : c'est une civette ou un chat serval ; je n'ai même pas le temps d'ajuster, et puis il fait nuit close.

*Cinq heures.* — Nous nous couchons tout habillés mais rageant. Il était bien téméraire, du reste, n'ayant que si peu de temps à soi, d'espérer réussir à une chasse qui demande des semaines entières d'attente, même dans un pays très boisé et sauvage comme celui-ci, et c'est vraiment un miracle d'avoir entendu la hyène et approché la panthère, dès une première nuit d'affût.

---

## VII

L'interprète de l'armée, M. Alata. — Mosquée de Sidi-Bou-Médine. — La Koubba. — Agadir. — Marabout des femmes stériles. — Cités troglodytiques. — Ville ancienne de Mansoura. — Le Minaret.

Non loin de Tlemcen, sur un coteau planté de vignes, s'élève une sorte de ville sainte consacrée à Sidi-Bou-Médine, et portant son nom. Ses rues, étroites et tortueuses, bordées de maisons dont les terrasses s'échelonnent les unes sur les autres, lui donnent l'aspect d'une ville de la Palestine. Elle ne renferme pas un Européen. Au centre, se dresse une mosquée très remarquable attenante à une chapelle (Koubba), où l'on conserve les restes du saint personnage.

Le général Louis ayant très obligeamment mis à ma disposition M. Alata, interprète de l'armée, je pus, grâce au prestige et à l'autorité de cet officier, visiter dans les plus petits détails ces deux édifices, classés à juste titre parmi les plus beaux spécimens d'architecture religieuse, aux époques où l'art arabe brilla de tout son éclat.

Une voûte grandiose dont les divers motifs furent reproduits à l'entrée du pavillon algérien, lors de l'exposition universelle de 1878, sert de porche à la mosquée fermée par une porte de cèdre massif, recouverte d'épaisses appliques de cuivre, et rehaussée d'anneaux, de pentures, de gonds et d'un lourd marteau merveilleusement ciselés.

Au dedans, les murailles décorées de superbes carrelages fort anciens encadrent de grandes pages artistement sculptées de caractères *koufiques quadrangulaires,* écriture antérieure à Mahomet; il n'en existe de semblables qu'à Séville et à Cordoue.

Entre les murailles, huit travées d'arcades, du galbe le plus pur, profilent leurs masses imposantes, en donnant au monument une majesté que rien n'égale.

A l'intérieur, se trouve une cour avec pavage de mosaïques en terre cuite et vasque de marbre pour les ablutions; puis un portique et un cloître supporté par de gracieuses colonnes complètent cet ensemble où tout est traité d'une façon vraiment magistrale.

Plus loin, une galerie, terminée par une jolie porte à arabesques peintes, donne accès à la Koubba précédée d'une cour carrée à arceaux retombant sur des colonnes en onyx; au centre de cette chapelle, sous un dôme éclairé de hautes fenêtres aux vitraux coloriés, reposent, depuis près de sept siècles, les corps de Bou-Médine et de ses deux disciples.

Le catafalque, d'une richesse inouïe, est entouré d'étoffes lamées d'or et d'argent, de tapis d'Orient, de bannières brodées d'inscriptions, d'ex-votos de toute nature, de lampadaires et de flambeaux aux clartés vacillantes, éclairant de lueurs fantastiques cette immense tapisserie dont les pieux gardiens du tombeau forment les personnages muets.

La Koubba de Bou-Médine produit un effet saisissant, surtout quand on considère le nombre de drapeaux arabes rangés autour du catafalque.

C'est ici que les différentes tribus viennent chercher leurs étendars lorsqu'elles partent pour la guerre.

Mais si ces monuments sont remarquables par leur ornementation intérieure, au dehors, les couvertures de tuiles vernissées rappellent par leurs mille nuances aux reflets métalliques, ces féeriques toitures persanes que le voyageur, à son arrivée à Ispahan, voit briller de loin au soleil, comme de vastes champs d'émaux cloisonnés.

Un escalier de quatre-vingt-dix marches conduit à la terrasse du minaret, d'où nous pouvons jouir d'un panorama très étendu. A l'est, la route de Sidi-Bel-Abbès; au nord, l'embouchure de la Tafna; puis vers le sud, Sebdou et les hauts plateaux bordant le Sahara. Au loin, les montages des Béni-Snassen, et, en avant, la plaine où eût lieu la bataille d'Isly, avec la grande route de Fez débouchant sur la gauche.

On se rend en pèlerinage à Sidi-Bou-Médine de tous les points de la contrée et même des extrémitées du Maroc. Ce monument fut longtemps un repaire de brigands fanatiques, qui venaient s'y inspirer pour assassiner ensuite les chrétiens.

Depuis plusieurs années, l'édifice est classé.

En quittant la Ville Sainte, on découvre dans les rochers les cités troglodytiques, habitées par des tribus vivant dans des grottes, de temps immémorial. Il y aurait grand intérêt à étudier ces indigènes au point de vue ethnique et surtout anthropologique; il serait très possible qu'il y eût ici transmission de coutumes des populations quaternaires; fait positif, on a recueilli dans ces cavernes des instruments et objets remontant aux différentes périodes des âges de la pierre.

Plus loin, nous passons Agadir, l'antique Pomaria, près le marabout des femmes stériles. Elles s'y rendent pieusement et, afin d'obtenir la réalisation de leurs souhaits, elles sacrifient une poule qu'elles plument sur place après l'avoir purifiée sur un réchaud où brûle l'encens (le poulet a joué de tout temps un grand rôle dans les cérémonies arabes) : cette coutume superstitieuse se rencontre jusqu'aux confins de l'Asie.

Il existait encore, il y a peu d'années à Canton, un temple dédié à Bouddah, où l'idole, apportée probablement de l'Inde, reposait couchée sur un vrai lit avec rideaux et courtines, entourée d'un nombreux personnel brûlant des parfums, récitant des prières, préparant même le thé pour le Dieu, supposé malade.

Dans le but de se le rendre propice, les femmes stériles allaient déposer sur son corps une couverture qu'elles plaçaient ensuite sur leur propre lit pendant plusieurs nuits consécutives. Les Chinois de Canton, toujours très friands d'émeutes, brûlèrent un jour le temple, sous prétexte que les miracles accomplis dans ce saint lieu pouvaient bien être attribués à une intervention moins divine que celle du puissant Dieu Bouddah.

Les acres senteurs des holocaustes mauresques nous poursuivent jusqu'à Mansoura.

Mansoura signifie champ de la victoire et, quoiqu'il n'y ait rien de commun entre cette ville et Mansourah de la basse Egypte, où saint Louis fut fait prisonnier, il faut reconnaître qu'il n'existe pas un point de l'Algérie où les luttes aient été plus vives et plus sanglantes. Et cependant, cette cité, si redoutable autrefois, ne fut construite qu'en pisé, c'est-à-dire en terre mélangée de quelques cailloux, maçonnés à bain d'un ciment inconnu qui a rendu les murailles inaltérables.

La ville de Mansoura fut élevée au XII$^e$ siècle devant Tlemcen, par le Sultan Noir, souverain du Maroc, afin de battre cette place importante, mais il ne put y réussir après sept ans de siége. Elle avait une superficie de 100 hectares ; son enceinte presque intacte se compose d'une courtine crénelée non interrompue, avec tours complètement fermées, espacées à intervalles égaux ; les murs, d'un mètre d'épaisseur sur douze d'élévation, ont conservé les nombreuses rangées de trous superposés, dans lesquels passaient les perches destinées à supporter les établis de construction.

Malgré ces ouvertures béantes, traversant les courtines de part en part, celles-ci ont pu résister bien longtemps, non seulement aux balistes et aux catapultes, mais encore aux boulets qui s'y logeaient sans les fêler.

Au centre de la place, et entouré d'une seconde enceinte, s'élevait le palais du roi, construit avec magnificence, puis la mosquée, dont le minaret a encore aujourd'hui 38 mètres de hauteur. Il est fendu du haut en bas : une des portions est écroulée et, comme d'après la tradition, il fut bâti par deux races distinctes, Maures et Arabes prétendent chacun attribuer à leurs aïeux la construction de la partie restée debout.

Je dois noter, en passant, la grande analogie existant entre cette ville et la forteresse de Gisors, en Normandie, remontant au onzième siècle ; on retrouve, à l'une comme à l'autre, malgré la différence considérable des surfaces, une série de tours, complètement fermées à la première enceinte, puis au centre de la seconde la demeure du roi, ainsi qu'un donjon fort élevé.

Dans un travail, lu cette année à la Sorbonne, j'ai expliqué le rôle que jouèrent ces tours dans la défense de Gisors, mais j'hésiterais à tenir le même langage pour la forteresse arabe.

On a transporté au musée de Tlemcen les anciennes

colonnes d'onyx de la mosquée de Mansoura; sorties des carrières d'où proviennent les blocs du nouvel Opéra de Paris, elles figurent auprès de la pierre tumulaire de Boabdil, roi de Grenade, dernier souverain musulman en Espagne.

Ces débris seront plus tard classés au nombre des rares témoins de la lutte suprême entre l'Orient et l'Occident : c'est dire tout l'intérêt qui s'attache à leur conservation. D'ailleurs, le minaret de la mosquée a été inscrit parmi les monuments historiques, mais nous faisons des vœux sincères pour que les restaurations futures soient exécutées avec plus de goût et de discernement que ce qui a été fait jusqu'ici.

## VIII

Les Arabes. — Les Kabyles ou Berbères. — Les Maures. — Les Juifs. — Les M'zabis. — Les Biskris. — Les Nègres. — Origines phéniciennes. — Le baron de Moyecque.

Tout en parcourant ces routes nombreuses qui relient Tlemcen au Maroc et à l'Algérie, nous rencontrons des bandes d'indigènes, les uns à burnous blancs, les autres avec *kritous* brun en poil de chameau, couvert du manteau noir; ils portent le *knit* (corde) qui fixe le capuchon à la tête; Arabes et Bédouins, tribus de pasteurs couchant sous la tente. Leurs costumes rappellent ceux d'Abraham, d'Ismaël, de Jacob. Mon savant guide, Alata, en me faisant remarquer ces deux variétés du même type, veut bien compléter mes observations personnelles sur les natifs de notre colonie africaine.

Nous y trouvons trois races bien distinctes : l'Arabe, le Kabyle et le Maure.

L'Arabe a la physionomie mâle, distinguée, avec des yeux noirs, le teint olivâtre et les attaches très fines. Le Kabyle ou Berbère, plus trappu, vigoureusement charpenté, a la tête plus ronde, rarement le nez aquilin; son teint est pâle, l'expression de ses traits a quelque chose de sauvage.

Le Maure a la peau moins foncée que l'Arabe, de beaux yeux et des dents très blanches. Son visage est plein, son nez peu saillant; sa physionomie ne respire pas l'énergie des autres races.

On est convenu, par l'abus d'un ancien cliché, de rattacher ces peuples à la même souche : le rameau araméen, dont le caractère consiste dans une physionomie expressive avec des *yeux et des cheveux noirs ;* mais cette théorie ne saurait exclure la présence des *blonds aux yeux bleus* qui s'explique par ce fait que les Carthaginois, ayant formé une confédération dans tout l'Occident, comprenant les Gaules, la Bretagne même, ces confédérés, la plupart blonds, ont plusieurs fois repassé le détroit de Gibraltar et sont naturellement revenus à leur métropole, Carthage, rebâtie par César; de là le mélange de quelques blonds aux bruns du nord de l'Afrique.

Les Arabes, contemporains des Juifs, n'ont pénétré en Afrique qu'au VIIe siècle; ils y ont trouvé les débris des Barbares des Vandales, etc., et ont bientôt conquis tout le littoral, pour y étendre l'islamisme. Ils parlent une langue à flexion, tandis que les Kabyles, d'origine berbère ou lybienne, comme les Touaregs, ont un langage d'agglutination.

Les Arabes, essentiellement pasteurs, mènent la vie nomade au sein des horizons infinis; ils méprisent le travail et dédaignent de s'enchaîner à une maison. Ils vivent sous la tente isolément, ou forment, en réunissant ces abris de toile grossière, un village mobile nommé douar, au centre duquel ils parquent les animaux pendant la nuit. Quelquefois ils construisent de primitives cabanes, avec des branches ou des roseaux recouverts de feuillage, appelées gourbis, sorte de transition entre la maison et la tente du désert. Ils sont cavaliers et leurs chevaux, souvent chargés de lourdes entraves, paissent autour du douar, pêle-mêle avec les vaches, les moutons et les chèvres. La propriété est collective sous le régime d'une féodalité religieuse et guerrière. Ils achètent la femme et ont le droit d'en posséder autant qu'ils peuvent en nourrir. Ils reconnaissent l'esclavage, en dehors de la loi française qui l'abolit.

*Les Arabes sont les gentilshommes de l'Afrique.* Les Kabyles ont les goûts plus sédentaires et habitent les parties montagneuses. Ils se construisent des chaumières ou des maisons avec des murailles de terre, quelquefois en pierre, supportant des charpentes et des toitures. Actifs, industrieux, ils s'attachent au sol qu'ils cultivent avec soin pendant que leurs femmes, gardiennes du logis, se livrent à une foule d'industries dans lesquelles elles excellent. Chez eux la propriété est individuelle. Ils vivent en tribus groupées sous un lien fédératif, et possèdent une organisation sociale démocratique, égalitaire, élisant des chefs révocables.

Cet état affirme, une fois de plus, leur descendance phénicienne, puisque les Carthaginois avaient aussi une constitution démocratique affranchie de privilèges, contrairement aux Romains dont la république était aristocratique et patricienne.

Moins esclavagistes que les Arabes, ils sont plus monogames et professent pour la femme une considération analogue à celle de nos vieux Gaulois de pareille provenance. Ce respect de la femme, poussé à un point tel que la loi l'initiait même aux cérémonies religieuses, comme on le vit chez les druidesses, fut précisément ce qui constitua la différence entre les cultes païen et musulman et celui de nos aïeux les Sémites.

La race belliqueuse des Kabyles sut résister aux Romains, aux Turcs et aux Arabes; elle fut écrasée par les Vandales mais ne céda qu'aux armes de la France. Devenus les auxiliaires les plus actifs de notre colonisation en Algérie,

*Les Kabyles sont les gents de la mense, dans la coutume du moyen âge.*

Les Maures semblent provenir d'un mélange d'anciens Mauritaniens ou Numides avec des Turcs ou des Arabes, peut-être même avec des Européens. Race conquérante d'abord, puis vaincue et refoulée, elle alimenta longtemps les bandes de pirates qui désolaient les côtes de la Barbarie. L'organisation en tribus est moins accentuée parmi les Maures que chez les Kabyles. Ils habitent généralement les villes où ils possèdent des maisons souvent somptueuses. Ces édifices en moëllon ou en pisé blanchis à la chaux, selon les localités, se composent d'un rez-de-chaussée et d'un étage, avec cour intérieure environnée de galeries soutenues par des colonnades de marbre ou de pierre, couronnées d'arcades en fer à cheval.

Intelligents, ils ont accaparé le commerce et en exploitent habilement les différentes branches; on les dit très jaloux; les Mauresques sont, il est vrai, fort jolies, faciles même, mais complètement nulles. Cette situation, elles la doivent aux préjugés des musulmans, qui croiraient se déshonorer en faisant donner de l'instruction à leurs filles. Du reste, se mariant dès l'âge de dix ans, comme je l'ai dit, elles vieillissent vite, et, malgré la beauté de leurs costumes et la richesse de leurs bijoux, ne présentent, à trente ans, qu'un ensemble de traits fanés, accusant d'une façon fâcheuse le défaut d'harmonie et la disproportion des oreilles, des mains et des pieds.

*Les Maures se rapprochent des citoyens des villes antiques.*

A ces trois races il faut joindre, dans une proportion inférieure, les Israélites qui ont conservé leurs caractères et leurs mœurs. Comme les Maures, ils sont citadins et se livrent à toute espèce de transactions. Ils sont aussi très économes; grâce à leur habileté, ils s'enrichissent promptement et finissent par acquérir tous les principaux immeubles des grandes villes.

Leur type est un des plus beaux de l'Algérie : la figure ovale, les yeux noirs et le nez busqué, la barbe et les cheveux très abondants, ils portent avec noblesse le costume des Maures, qu'ils relèvent d'une ceinture et d'un turban noir.

Les Juives, belles, grandes, bien faites, ont les traits d'une parfaite régularité. Contrairement aux Mauresques, elles circulent librement et le visage découvert. On les reconnaît à leurs robes d'étoffes sombres, serrées comme un étui, la tête couverte d'un bandeau noir. On les voit sur le seuil des portes, dans les rues, les mains chargées d'emplettes, à la fontaine ou bien aux fours banaux dont elles apprécient particulièrement les friandises. Les Juifs, on le sait, sont considérés d'une façon dédaigneuse par les races anciennes de l'Algérie ; il en est à peu près de même des M'zabis, bouchers, baigneurs, meuniers ; des Biskris, fortefaix, porteurs d'eau, chaudronniers. A eux les petites industries, où il faut travailler beaucoup pour gagner peu. Le modeste pécule amassé, ils retournent dans leur pays.

Ils représentent en Afrique ce que sont chez nous :

*Les enfants de l'Auvergne ou ceux de la Savoie.*

Enfin les Nègres, originaires du Soudan, de la Nigritie ou de l'Afrique centrale, ont gardé le caractère de servilisme de cette race déshéritée.

Quant à l'origine primitive de tous ces peuples de

l'Afrique du Nord, nous n'hésitons pas à l'attribuer, à l'exception des Nègres, aux premiers colons phéniciens.

D'après les dernières recherches de notre savant ami, le baron de Moyecque de Macgrath, orientaliste des plus distingués, l'Algérie, comme le Maroc, la Tunisie et nombre de points du littoral de l'Océan, auraient été peuplés par les Phéniciens.

Initiés à l'art nautique par la construction même de l'Arche, compendium de tous les arts primitifs, en quittant la Chaldée et la Tour de Confusion (Babel), ils vinrent s'établir aux bords de la Méditerrannée et y fondèrent leur première ville, Sidon, qui signifie siège.

De là, rayonnant d'abord sur tous les rivages de cette mer intérieure, ils occupèrent l'Italie, une de leurs premières colonies agricoles : *it talam* en phénicien, signifie : *terre de labour*, nom encore porté par une des provinces méridionales; puis, toutes les côtes de l'Afrique du Nord, de Carthage au Maroc inclusivement ; puis, le Portugal, l'Espagne, les Iles Britanniques et les Gaules, de l'Atlantique aux Alpes, et des colonnes, dites par corruption, d'Hercule à l'Escaut.

La preuve frappante de la vérité de cette théorie, qui restitue à la race sémitique l'honneur d'avoir civilisé tout le West-Europe, réside dans ce fait indéniable, à savoir que la langue celtique, encore en usage aujourd'hui en Irlande, en Ecosse, dans l'île de Man et dans une partie de l'Amérique et de Cornouailles, est un dialecte étrusco-phénicien, semblable à celui des célèbres *tables engubines*, étrusco-phéniciennes elles-mêmes.

C'est donc à tort que l'on cherche à attribuer uniquement au sanskrit, langue sacrée, la plus ancienne connue de l'Asie, la racine des idiomes de l'Europe, puisque ces racines se trouvent dans la langue phénicienne, comme dans celle des Ariens que l'on veut substituer aux Phéniciens dans l'œuvre colossale de la colonisation de l'Occident.

Cela posé, que la population du Nord de l'Afrique ait été implantée seulement au temps d'Aram (*Araméens*), l'un des descendants de Sem, elle n'en est pas moins sémitique et non japhétique, et si elle a perdu le type originel caucasique, cela vient du mélange des races conquérantes successives dont les invasions ont laissé des traces si remarquables encore, même en France, notamment jusqu'à Arles.

Du reste, nous aurons occasion de revenir sur ce sujet, à propos des monuments mégalithiques semés en profusion dans le nord de l'Afrique, principalement dans la province de l'est.

## IX

Cimetière arabe. — Les nasses à perdrix. — Les Halfahtiers. — Cascades d'El Ourit. — Aïn fezzan. — Excursion en cacolets. — Grottes des Hal-el-Oued.

Plus on pénètre en Algérie, et plus on est frappé du soin avec lequel l'administration française s'est efforcée de mettre en communication entre eux, par des routes larges et bien entretenues, les points les plus éloignés de cet immense territoire.

Celle que nous suivons aujourd'hui a dû coûter des sommes fabuleuses; mais rien n'arrête nos habiles ingénieurs : ni les collines que l'on perfore, ou que l'on contourne en corniche, ni les torrents sur lesquels on jette des ponts, véritables travaux d'art, aussi solides que gracieux ; ils ajoutent au pittoresque de ce paysage déjà si accidentée un charme que l'imprévu rend encore plus saisissant.

Ici, c'est un cimetière arabe avec petites pierres tombales orientées comme le corps : est, ouest; c'est-à-dire la tête tournée vers La Mecque. Quelques femmes sont là, couchées; en signe de deuil, elles s'arrachent les cheveux, se déchirent le visage, poussant des cris lamentables. Plus loin, des douars de nomades entourés de troupeaux dont les tons dorés s'harmonisent avec les chaudes nuances de la montagne; dans les rochers, abris des chevriers, de petites corneilles font entendre leur croassement monotone; de grosses poules de Carthage, au superbe plumage, s'envolent précipitamment du sein des épaisses broussailles, et des perdrix rouges, effrayées à notre passage, fuient à tire-d'ailes vers les plaines d'halfah. Elles y trouveront peut-être moins de sécurité, car les indigènes brûlent sans cesse ces moissons naturelles, afin de rajeunir la plante et d'obtenir de nouvelles pousses dont leur bétail est si friand; d'ailleurs elles sont braconnées ici comme en France.

Dans chaque bande de coupeurs d'halfah, il y a un chef et des agents espagnols, qui mettent à profit leurs heures de surveillance en confectionnant, avec les tiges du textile, d'immenses filets semblables à des nasses à anguilles. La perdrix sans défiance entre dans ce défilé, large de plusieurs kilomètres à son ouverture. Elle marche toujours; peu à peu la gorge se resserre et, quand l'oiseau arrive à l'extrémité, ces hommes avides, embusqués sur les côtés de la nasse, s'en emparent et le tuent.

Toutefois, quelques jours après notre passage, les choses ont bien changé; les malheureux halfatiers, échappés aux massacres de Chellalah, ont quitté en toute hâte leurs chantiers pour retourner en Espagne; les 300,000 hectares d'halfah appartenant à la Compagnie franco-algérienne ont été abandonnés, et le chemin de fer spécial de Saïda à Arzew, qu'alimentaient cinq cents chameaux, a suspendu son exploitation.

Les épais fourrés qui bordent la route sont peuplés de sangliers, de lapins et de porcs-épics, mais nous ne pouvons en apercevoir, faute de chiens.

Des cantonniers arabes élaguent les haies d'agaves,

et notre conducteur avisé ramasse des fragments de feuilles pour confectionner des mêches à son fouet.

Nous arrivons en un lieu escarpé, hérissé de rochers, dont les énormes blocs noircis s'échelonnent à une hauteur prodigieuse et, décrivant autour d'un torrent une vaste enceinte, rappellent dans des proportions plus grandioses le cirque de Gavarnie aux Pyrénées; ce sont les cascades d'El-Ourit formées par le Safsaf qui se jette dans la Tafna.

Bientôt nos voitures s'arrêtent à un point nommé Aïn-Fezzan, petit village en création; il n'y a plus de chemin praticable, mais le général, toujours plein d'attentions et de prévenances, a envoyé, pour m'être agréable, une douzaine de mulets escortés de soldats et sellés de cacolets; les touristes qui m'accompagnent sont ravis de cette surprise.

Rien de plus drôle que le cacolet appliqué au civil : ce sont deux bancs à dossier disposés sur les flancs du mulet; dans l'armée, on les emploie à transporter les blessés et les malades. Pour s'en servir, on se place un de chaque côté de la bête, et l'on dit :

Une, deux, trois : en bât.

Alors, on escalade simultanément, car si l'un montait avant l'autre, la selle tournerait de son côté. Il en est de même pour la descente. Il faut bien choisir son partner; s'il est plus lourd, il vous entraîne; plus léger, c'est le contraire, et vos pieds se heurtent contre les rochers. Vous êtes libre, il est vrai, de rétablir l'équilibre en prenant un gros pavé sur vos genoux. Pour moi, je pensai trop tard à cet expédient, et je fis le supplice de mon voisin, dont les longues jambes rabotaient constamment le sentier.

Notre caravane est très pittoresque; nous avançons

dans la montagne, à la file indienne, en colonne de plus de deux cents mètres de profondeur ainsi organisée : d'abord des Arabes montés, les excursionnistes, les soldats et des Arabes à pied fermant la marche.

Nous commençons à gravir lentement des rampes abruptes, dont les pierres roulantes présentent peu de danger, vu la solidité de nos montures. Des lauriers-roses chargés de fleurs, des groupes de figuiers sauvages viennent rompre la monotonie des palmiers nains et des lentisques. Sous cette flore algérienne, un tapis de fleurs de nos pays rappelle les climats tempérés du centre de la France ; des vipérines, des muscaris, des valérianes, des renoncules semblent ignorer que le soleil d'Afrique n'est pas fait pour leurs fragiles corolles.

Plus loin, le paysage change ; il devient sévère : un amphithéâtre, formé de roches calcaires, se dresse devant nous, il faut le franchir ; enfin, après avoir parcouru six à sept kilomètres, j'aperçois une multitude d'Arabes levant les bras en l'air, et nous faisant signe d'arrêter ; nous étions arrivés. Aussitôt mettant pied à terre, je me dispose à aller reconnaître l'entrée des grottes, pendant que les touristes descendent de leurs cacolets.

J'avais à peine fait quelques pas qu'une foule d'indigènes m'entoure et, se portant vivement en avant, me barre l'ouverture de la caverne.

— Que signifie tout cela ? dis-je à un grand gaillard bien musclé, qui semblait être le chef de cette bande.

— Tu n'entreras pas, me répondit-il, si tu ne conviens de prix d'avance.

— Comment ! coquin, n'a-t-il pas été arrêté que nous donnerions 1 franc par homme pour nous conduire dans les souterrains? Eh bien! j'ai mes vingt hommes, c'est 20 francs; que me veux-tu donc de plus?

— Nous sommes ici deux cents, tu vois; ils ont tous préparé leurs torches de diss, tu dois les payer tous.

— Holà! vous autres, criai-je aux soldats de l'escorte à cette réponse inattendue, venez donc un peu par ici. Quant à vous, messieurs les Européens, je vous engage à sortir de ces groupes hostiles et à vous joindre à nous.

Hé! gredin, continuai-je en m'adressant au chef, qui comprenait fort bien le français, veux-tu, oui ou non, nous laisser entrer, hein? Et je commence à faire un pas en avant.

A ce moment, la foule houleuse et menaçante s'agite en levant les torches, quelques-uns montrent leurs *matraques* (gros bâton de voyage).

— Faut-il taper, me crient tous à la fois mes petits troupiers pleins de cœur et de dévouement?

— Gardez-vous en bien, mes enfants, tant qu'ils se borneront à vociférer; mais s'ils viennent à lever la matraque, alors nous jouerons de nos instruments pour accompagner la danse.

J'étais décidé à passer outre. Je dispose ma petite troupe sur les flancs de la colonne des touristes, et prenant la tête, je m'apprête à donner le signal : En avant! lorsque, me retournant une dernière fois, j'aperçois quelques dames dont le visage pâle et la physionomie émue présageaient une crise prochaine. Je compris qu'il fallait transiger. Saisissant alors le chef par son burnous, je le tire à moi, et lui dis:

— Arrive ici, mais toi seul, espèce de sauvage; tu vas renvoyer la moitié de ces brigands, et je donnerai en tout 30 francs au lieu de 20; entends-tu (trente)!

— 30 francs! tu ne voudrais pas, donnes-en 100.

— 100 francs, allons donc! tu veux rire, quant à moi, je n'en ai pas envie; acceptes-tu 30 francs? tu n'auras rien de plus; allons, décides-toi.

Cependant la foule faisait un vacarme plus significatif; l'inquiétude commençait aussi à se peindre sur la figure des paisibles voyageurs. Ils ignoraient que la première chose dans toute contestation avec les Arabes, est de ne pas céder, et de bien leur faire sentir que l'on n'a pas peur d'eux, quitte à tirer ensuite le meilleur parti de la situation.

— Tiens, je me ravise, il y aura en outre les gratifications personnelles, ce qui te fera probablement plus que tu n'espérais recevoir; mais, voyons, vas-tu te décider? il faut en finir; et, impatienté, je mets la main sur l'étui de mon revolver; cet argument que je réservais pour la fin, coupa court la discussion.

Quelques paroles brèves du chef prononcées en langue arabe firent écarter, comme par enchantement, cette multitude.

Alors, ainsi qu'un tableau magique, apparut à nos yeux une caverne, d'une majestueuse élévation et d'une profondeur pleine de mystère, entièrement revêtue de cristallisations calcaires de l'effet le plus saisissant.

Au-dessus de nos têtes, un dôme festonné du guipures rocheuses est soutenu par des centaines de colonnes naturelles, faites de faisceaux de stalactites, qui, formés par l'eau tombant goutte à goutte depuis des siècles, se sont soudés à leurs bases de stalagmites, en prenant des proportions colossales. Derrière chaque colonne, ou groupés sur les rochers écroulés de la voûte, les Arabes brandissent de chaque main une longue torche de diss qu'ils agitent en poussant des exclamations; leurs cris, les burnous, les haïks et les gandouras (tuniques) que la course fait flotter en l'air, l'effroi des femmes, et jusqu'à la fumée se dégageant de ces deux cents torches produisent un effet indescriptible. D'une seule voix, nous nous écrions tous :

Enfoncé ! Halanzier. Enfoncé ! Vaucorbeil.

L'émotion et la chaleur sont si vives que nous sortons du souterrain à moitié suffoqués, la plupart traînés par les Arabes, dont les pieds nus adhèrent mieux au sol glissant que nos chaussures européennes. Nous réglons le prix convenu sans nouvelles difficultés, la parole donnée étant à peu près sacrée chez ces indigènes ; quelques touristes ajoutent un appoint pour payer des stalactites emportés en souvenir de la grotte (chose du reste que je blâme vivement, car un artiste a toujours horreur de voir mutiler un monument quelconque, même naturel) ; puis, interpellant une dernière fois le chef :

— Tu me donneras bien enfin, lui dis-je, l'explication de cette comédie que tu nous a jouée à l'entrée de la caverne ?

— Il n'y a pas eu de comédie, voici ce que s'est passé : quand les Arabes du douar ont eu connaissance de l'arrivée des cacolets, chose excessivement rare, ils ont pensé qu'il allait venir ici une très nombreuse caravane de gens haut placés et riches ; aussitôt ils sont partis à cheval prévenir les douars environnants ; ceux-ci, attirés par l'appât du gain, sont accourus en toute hâte, de plusieurs lieues, faisant les torches de diss pendant le trajet. Ce n'était pas une comédie, comme tu le vois.

— Non, mais un odieux chantage, et tu t'y es prêté complaisamment.

— En agissant autrement, j'eusse perdu mon autorité sur tous ces hommes, et puis, au lieu de quarante torches, n'en as-tu donc pas eu deux cents, qui t'ont procuré un plus beau spectacle ?

— Certes, tu mériterais d'être dénoncé à l'autorité; enfin, ne recommence pas, car tu pourrais trouver des gens moins patients que nous.

Après cette semonce, j'invitai notre bande à remonter sur les cacolets, et nous regagnâmes nos voitures, chacun encore ému de l'incident et se félicitant intérieurement d'en avoir été quitte à si bon compte.

# X

Les villages agricoles. — La Moricière. — Sidi-Bel-Abbès. — Sidi-Brahim. — Barrages de Saint-Denys-du-Sig et de l'Habra. — Mostaganem. — L'Atlas. — Le chéliff. — Orléansville. — Milianah. — Hamman R'hira.

A l'exception des grandes villes, tous les centres de quelque importance, fondés en Algérie depuis la colonisation, sont tracés sur un plan à peu près identique ; d'abord l'église, point de départ, puis une vaste place avec la mairie, la fontaine ou l'abreuvoir, l'école lorsqu'il y en a une (type du style administratif).

De chaque côté, des rues larges, parallèles, aboutissant à la route, absolument comme une charpente de poisson ; la route, plantée d'arbres, traverse la ville sur la longueur : tel est le tracé livré à une colonie naissante. Peu à peu, les maisons s'élèvent en bordure sur cette grande artère ; c'est d'abord un modeste hameau, puis un village, un gros bourg, et finalement une cité, si l'avenir de la position choisie le comporte. Dans cette agglomération créée par le gouvernement colonial, et non abandonnée aux caprices de l'initiative privée, comme aux Etats-Unis, on retrouve l'empreinte uniforme, cachet de l'administration française. Ce système a pour résultat d'éviter de reconstruire la ville après quelques années, ainsi que je l'ai maintes fois observé en Amérique, le premier projet ayant été conçu sur un plan trop exigu.

Quant à la dispersion de ces centres, elle a été établie suivant les concessions de terres, et toujours à proximité d'un cours d'eau, d'une source ou de puits faciles à creuser. Les six cents villages agricoles existant dans toute l'Algérie sont presque tous construits d'après ce principe; aussi mes notes sont-elles muettes sur la plupart de ceux que j'ai visités et n'ai-je marqué que les plus importants.

La Moricière est un joli endroit, néanmoins peu approvisionné; on y a mangé de la panthère toute la semaine, mais, comme il n'en reste plus aujourd'hui, il faut aller dîner ailleurs.

Sidi-Bel-Abbès est un curieux exemple de la puissance colonisatrice et un spécimen de ces villes qui naissent d'un rayon de soleil.

Il n'y a pas trente ans, un jeune sous-lieutenant, actuellement général Cérez, faisait couper les broussailles pour établir sa tente dans un lieu absolument désert : aujourd'hui, une cité de seize mille âmes a remplacé les buissons. De longues avenues d'ormes et de platanes abritent de vastes chaussées fort bien construites; on y distingue deux quartiers : militaire et civil; le premier comprenant des casernes, un hôpital, et un cercle d'officiers; l'autre l'église, l'hôtel-de-ville, le tribunal, la sous-préfeture, le bureau des postes et le télégraphe.

Une superbe halle voûtée en pierre, fait face à un grand théâtre, où l'on donne ce soir (c'est imprimé sur l'affiche) la *Muette de Portici*, plus trois comédies. Je suis allé à la dernière intitulée : *L'amour queue qu'c'est qu'ça*, et j'y ai vu de charmantes actrices dont le français douteux et les lazzis équivoques étaient salués par les hurrah frénétiques d'un public enthousiaste.

Un chemin de fer, aussi confortable que nos lignes françaises, relie Oran à Alger, avec embranchement sur Sidi-Bel-Abbès; il passe à Sidi-Brahim, une de ses annexes, dont les terres fertiles sont arrosées au moyen de retenues datant de l'époque de la domination arabe; laisse Sainte-Barbe de Trélat, lieu de bifurcation, et arrive à Saint-Denys-du-Sig. Cet endroit est célèbre par son barrage en pierres de taille que le génie militaire a su rendre indestructible, en le rattachant habilement au banc de calcaire cristallin formant le seuil de la rivière.

Un travail de même genre, mais bien plus important, se voit au sud de Perrégaux, près de la route de Mascara. Cet ouvrage considérable, élevé au confluent de l'Oued-El-Hamman et de l'Oued-Fergoug, porte le nom de l'Habra. Une muraille de 40 mètres d'épaisseur et autant d'élévation s'étend sur une longueur de près de 500 mètres, formant derrière elle un lac immense dont les eaux s'écoulent par des vannes puissantes et vont fertiliser toute la contrée. La contenance du bassin est de quatorze millions de mètres cubes, et les frais de construction se sont élevés à plus de quatre millions de francs.

Actuellement, tout est bouleversé!

Quelques mois s'étaient à peine écoulés depuis mon passage, quand tout-à-coup, sans aucun indice précurseur, cette superbe levée s'est effondrée avec un épouvantable fracas, et la monstrueuse masse d'eau s'est précipitée dans la campagne, engloutissant les récoltes, les plantations, ensablant ou arrachant les terres fertiles, entraînant les villages avec leurs habitants qui n'ont même pu prendre la fuite, tant le sinistre a été instantané.

J'ignore à qui peut incomber la responsabilité d'un pareil désastre, mais il semble qu'on pourrait l'éviter à l'avenir, en opposant à la poussée de l'eau la surface externe d'une muraille cintrée, puisque la résistance et la cohésion d'une voûte augmentent en raison directe de la pression exercée sur elle. On en trouve un exemple frappant aux cataractes du Niagara, dont la digue naturelle, assise en forme de fer à cheval, ne s'est pas sensiblement modifié depuis des siècles. Un mur droit, même en glacis avec éperons et contreforts, ne présente, malgré toute son épaisseur, qu'un obstacle incapable de résister à la longue aux efforts répétés d'une masse considérable, sans cesse en mouvement.

Une diligence, desservant tous les jours Perrégaux, permet de visiter Mostaganem, ville forte bâtie près de la mer et divisée en deux parties par un ravin, l'Aïn-Seufra : Matmore à l'est et Mostaganem proprement dite à l'ouest.

Des rues à arcades, des promenades, des places, dont une nommée place des Cigognes devant l'ancien fort des Mehal, un théâtre, de beaux édifices publics, distinguent ce chef-lieu d'arrondissement élevé dans le voisinage de Mazagran, si célèbre par le souvenir d'une héroïque résistance.

De retour à l'Hillil, on reprend la ligne et laissant Relizan et Inkermann, on atteint l'Oued-Merdja, la dernière station de la province d'Oran. Nous suivons le cours du Cheliff, l'oued (rivière) qui a le plus d'eau de l'Algérie ; or, on en trouve à peine six pouces en ce moment. Des maquis de lentisques et de pistachiers, d'un mètre de hauteur, couvrent les contreforts de l'Atlas d'une teinte sombre, sur laquelle tranche le vert éclatant des scilles maritimes, aux énormes oignons sortant complètement de terre. Quelques eucalyptus bordent la route; plus loin, elle se perd dans les steppes de palmiers nains.

Orléansville est au centre d'un pays très fertile mais malsain après un hiver pluvieux ; très sain mais stérile dans le cas contraire ; néanmoins les colons y affluent, et nous pouvons admirer en passant les belles cultures de ces immenses plaines du Chéliff. Elles sont séparées de celles de la Mitidja par la chaîne du Petit-Atlas, et seraient certainement les plus productives de l'Algérie, si l'administration ne s'obstinait à réserver, sans aucun profit, l'eau de la rivière qui traverse ce territoire sur plus de cent lieues de parcours.

Les riverains offrent cependant, jusqu'à quinze francs de redevance, par chaque hectare de terre arrosée ; pourquoi ne pas donner une solution favorable à leurs légitimes réclamations ?

Quoi qu'il en soit, Orléansville augmente chaque jour, et ses rues bien alignées, ses avenues de carroubiers, ses fontaines, ses places, seront certainement insuffisantes, le jour où le Chéliff voudra bien donner ce que l'on est en droit d'attendre de lui.

Nous sommes ici à moitié chemin d'Oran à Alger, et, bien que cinquante lieues nous séparent encore de la capitale, les membres du Congrès arrivent déjà en foule de tous les points de la contrée. De charmants collègues, pleins d'esprit et d'humour, remplissent notre wagon.

Un jeune étudiant, tout heureux de ses anciens succès au collège, nous raconte qu'il a fait huit années d'anglais, il a même occupé plusieurs fois, dans cette branche de l'instruction, le second et le premier rang. Justement, un Anglais se présente à la portière, et notre érudit ne peut parvenir à lui expliquer que le compartiment est réservé pour les fumeurs.

Hilarité générale à laquelle, tout le premier, il prend part de la meilleure grâce ; retraite de l'insulaire furieux ; il croit qu'on se moque de lui.

Un autre est entomologiste ; il a déjà recueilli un grand nombre d'insectes. Vient à passer une sauterelle.

— Oh ! messieurs, dit-il, tout joyeux, voici l'éclaireur de la colonne ! penchez-vous vite en dehors. Vous allez voir au loin un nuage de plusieurs kilomètres de ces insectes. Quelle chance ! nous allons pouvoir étudier la profondeur des couches, les progrès de l'invasion qui va porter la misère et la ruine jusqu'aux extrémités de cette belle colonie, etc., etc.

Cependant, toutes les têtes ne pouvaient sortir à la fois, et je m'étais résigné à rentrer le cou, contemplant, d'un regard distrait, l'animal que je tenais entre les doigts.

— C'est singulier, repris-je à mon tour, où est donc ce fameux criquet du désert ? Ceci est une vulgaire locuste.

En effet, la sauterelle verte *(locusta viridissima)* diffère assez de l'autre *(acridium peregrinum)*, pour qu'il ne soit pas permis, même à un entomologiste amateur, de les confondre.

— Ah ! la bonne plaisanterie ! mais la preuve, la preuve, me crie-t-on de toutes parts ?

— La preuve ! la voici, messieurs : j'ai eu la bonne fortune, en 1878, de diriger la classe des insectes utiles et nuisibles, au Trocadéro, lors de la dernière exposition, et j'ai manié pendant six mois assez de ces insectes pour être en mesure d'affirmer que la sauterelle verte n'est pas plus un criquet qu'une cigale, malgré l'assertion d'un grand fabuliste dont vous connaissez tous le nom ; or, je le répète, je ne vois pas ici le plus petit criquet.

— C'est juste, observe mon aimable et très érudit voisin, M. Letaste, car, en sa qualité de président de la Société de zoologie, il devait nécessairement prendre la parole dans ce débat qui paraissait passionner l'assistance; quant à lui, les poches remplies de reptiles, il nous fait une instructive dissertation sur ses intéressants pensionnaires.

Le temps passe vite dans cette aimable société, et nous arrivons, sans nous en douter, à Affreville, puis à Milianah, l'une des places fortes de l'Algérie où nos soldats ont eu à supporter les plus rudes épreuves. Incendiée par Abd-el-Kader en 1840, elle fut reconstruite depuis à l'européenne, et l'on affecta aux services militaires les mosquées échappées aux ravages du feu ; trois seulement sur les vingt-cinq existant alors ont été rendues au culte musulman.

Milianah, assise sur le flanc d'un rocher, offre, grâce à sa position escarpée, un panorama splendide de la vallée du Chéliff.

Nous traversons un territoire dont l'étonnante fertilité est due à de nombreux cours d'eau, coupés par une multitude de chutes, faisant marcher autant de moulins à farine.

Sur les routes, d'interminables files d'ânes, montés par des Arabes accompagnés de leurs femmes soigneusement voilées, s'en vont, trottinant, dans la direction du Hamman R'hira, ancienne station thermale qui, du temps des Romains *(aquæ calidæ)*, était regardée comme l'une des plus efficaces de l'Algérie.

Arrivés là, les pèlerins se plongent dans la propre

piscine où l'empereur Claude prenait ses bains ; ils brûlent de l'encens et allument des cierges sur l'eau, chantent des cantiques et poussent des clameurs que les voix féminines rendent plus stridentes par les accents prolongés de leurs notes aigües.

Nous arrivons à la Chiffa où je vais m'arrêter pour visiter le *Ruisseau des Singes ;* tous mes collègues, plus ou moins transformistes, s'empressent, à l'unisson, de m'expliquer leur descendance ou de m'affirmer leur parenté avec ces curieux quadrumanes ; je promets les compliments d'usage pour les membres de leur famille, et, après force poignées de mains, je descends, laissant ces facétieux disciples de Darwin tout attristés, comme je le suis moi-même, d'une séparation qui, je l'espère, ne sera pas de longue durée.

## XI

Les Gorges de la Chiffa. — Le Ruisseau des Singes.
— Le Macaque de Gibraltar et la Mer Saharienne.
— Medeah.

La Chiffa est une petite commune toute récente, car un tremblement de terre, survenu il y a quatorze ans, a complètement rasé l'ancien village; toutefois, les habitants, avec la persistance qui caractérise les populations exposées à ces sortes de sinistres, ont reconstruit leurs maisons sur les mêmes fondations.

La chambrette où je couche est plafonnée en planches, aussi je ne cours pas grands risques, si le phénomène vient à se renouveler, mais je n'aurai pas cette chance.

Je me rappelle, à ce propos, qu'un de mes amis étant aux Eaux-Bonnes, dans les Pyrénées, entendit un jour un craquement épouvantable, accompagné des cris:

Sauvez-vous! Sauvez-vous! lui arrivant de tous les points de la ville. Vite, il court..... à son guide Joanne, et constate avec bonheur que le pays est sujet aux tremblements de terre; c'est alors seulement qu'il quitte la maison et se trouve dans la rue au moment où, pour la seconde fois, tout s'écroulait avec fracas.

— Avez-vous des bêtes sauvages, dis-je à un habitant de la Chiffa?

— Dam ! elles sont assez rares. Cependant la hyène est commune, elle a passé dans la rue hier matin ; et moi, M'sieu ajoute un autre, elle m'a mangé quatorze petits cochons.

— Et des singes, ai-je quelque chance d'en voir ?

— Ah ! M'sieu, ça dépend ; pt'être ben que oui, pt'être ben que non ! si vous les cherchez, vous n'en verrez pas ; si vous n'en cherchez pas, vous en trouverez.

Sur ces indications assez vagues, je me dirigeai vers les gorges, véritable merveille surpassant ce que j'avais visité jusqu'ici.

Qu'on se figure un déchirement à pic dans les rochers, sur une longueur de 25 kilomètres, avec une route suspendue à l'une des parois, et surplombant un torrent pendant tout son parcours. A la moindre secousse, d'énormes blocs d'un schiste excessivement friable, semblable à de l'ardoise, roulent à l'improviste, encombrant la chaussée de leurs mille débris. Tantôt le roc dénudé se dresse à une prodigieuse hauteur ; tantôt une forêt descend jusqu'à vos pieds, couvrant le paysage d'un profond mystère ; çà et là sous les fourrés des lignes sombres indiquent de larges fissures, d'où tombent, de cent mètres d'élévation, des cascatelles dont l'eau rejaillit arrivant au torrent à l'état de poussière.

Au centre de cette route sauvage, au bord d'une forte source appelée le *Ruisseau des Singes*, on a construit une petite auberge où je m'arrête pour déjeuner. Pendant les préparatifs du repas, et afin de mettre le temps à profit, je questionne chacun ; je regarde de tous côtés, je sonde la profondeur des bois : pas de singes.

Il y avait bien là une soixantaine de touristes qui, attablés sous des tonnelles, se payaient consciencieusement la vue de deux gros magots enchaînés au pied d'un arbre, leur donnant du biscuit, des oranges, fort peu soucieux de trouver leurs congénères à l'état sauvage.

Ils étaient au Ruisseau des Singes, en avaient vu deux apprivoisés, ils se déclaraient satisfaits; et puis, il pourrait y avoir fatigue à en chercher. A quoi bon? Un singe n'est jamais qu'un singe, on peut en trouver chez ses amis, et si, par hasard, il y a parenté, elle est si éloignée, on en néglige souvent de plus proches! Quant à moi, je ne me contentais pas du tout de cette monnaie de singe, car, en somme, nous n'étions pas au jardin des plantes.

— Ah çà! monsieur l'aubergiste, dis-je enfin, fatigué de mes vaines recherches, c'est une véritable mystification que vos singes; où donc sont-ils, s'il vous plaît?

— Si vous passez la journée ici vous en verrez peut-être.

— Comment peut-être! mais savez-vous que je viens de Paris exprès pour en rencontrer!

— C'est très fâcheux! il faudra revenir!

— Rester chez vous, serait encore possible, mais revenir, oh, pour cela! non. Il y a trop de choses à voir sur cette terre, aussi je me suis fait une loi de ne jamais retourner sur mes pas, ni visiter deux fois le même pays.

— Vous ignorez sans doute, ajouta-t-il, que si vous les cherchez, vous n'en verrez pas.

— Non, je le sais, et si je n'en cherche pas, j'en trouverai; phrase convenue: on me l'a déjà dite à la Chiffa.

— C'est la pure vérité, reprend-il d'un ton légèrement moqueur.

— Eh bien! mon cher Monsieur, écoutez-moi bien:

il doit arriver demain quinze cents voyageurs; vous m'entendez : quinze cents !

(*L'aubergiste commence à soulever sa casquette.*)

— Je suis envoyé en reconnaissance pour m'assurer si, oui ou non, il y a des singes au Ruisseau. Or, donc, si d'ici à une heure je n'ai pas vu de singes,

(*Il se découvre complètement*)

vous me comprenez, n'est-ce pas ?

(*Il s'arrache quelques cheveux*)

Pas un voyageur ne viendra demain.

— Oh! monsieur, que me dites-vous là? je vous jure...

(*Une sueur froide perle sur sa face blême.*)

— Ne jurez pas, mais montrez les singes.

— Je vous jure qu'il y en avait bien deux cents sur sur ces arbres, ce matin.

Ici l'aubergiste, profondément ému, se laisse tomber sur une chaise, saisit sa tête entre ses mains nerveuses et fait mine de la creuser; puis, se dressant tout-à-coup avec une figure inspirée, il me montre la forêt et s'écrie en se frappant le front.

— J'ai une idée ! venez avec moi; ces animaux, vous le savez peut-être, vivent en grandes troupes, laissant à quelques sentinelles isolées le soin de les prévenir à la première alerte, tandis qu'ils s'ébattent joyeusement à l'ombre des fourrés; comme ces bois sont remplis des fruits dont ils font leur nourriture, les singes ne sauraient être bien loin, et si nous pouvons apercevoir une vedette sans lui donner l'éveil, nous aurons bientôt découvert le reste de la bande.

Aussitôt, abandonnant voyageurs et fourneaux, il se met à escalader les rochers, grimpant vers la forêt où je le suis avec beaucoup de peine. Après quelque temps d'une marche excessivement fatigante, levant toujours la tête, sans veiller à mes pieds, ce qui me faisait tomber sur le nez, je vois l'hôtelier se tourner rapidement de mon côté, et me désignant un arbre du doigt :

— Tenez ! tenez ! me dit-il tout bas, croyez-vous que je vous aie trompé ?

Alors, suivant des yeux son regard, j'aperçois, avec une indicible émotion, une grosse guenon se cramponnant d'une main aux branches d'un carroubier, et de l'autre, aidant son petit à détacher un fruit. Je restai bien cinq minutes à savourer cette scène pleine de charme. Bientôt, d'autres singes viennent à passer, ils sont en nombre considérable, courant sur terre, sautant dans les broussailles; quelques-uns même approchent à trente mètres de moi, me considèrent avec surprise, puis rentrent dans le fourré.

Il y en avait de toutes tailles et de toutes nuances, depuis le fauve clair, jusqu'au brun le plus foncé, il y avait aussi un assortiment de grimaces des plus divertissantes : bouches en cœur ou dents menaçantes, airs langoureux, têtes inclinées sur le côté; clignotements de paupières; lèvres pincées avec gros dos; puis, des colères soudaines, succédant à la plus hypocrite quiétude; des gestes provocateurs; des cris effarés, des sauts, des bonds dans le feuillage; enfin, tout ce que l'imagination peut rêver de plus grotesque, de plus fantastique.

Un instant, j'ai l'intention d'en tirer un qui me passe à portée, mais je ne m'en sens vraiment pas le courage et puis l'aubergiste craint, avec raison, que le bruit ne mette la bande en fuite; alors, que montrera-t-il aux quinze cents personnes attendues demain !

Je retourne en toute hâte à la maison, où je retrouve les mêmes touristes sous la tonnelle; je leur fais part de ma découverte, mais ils accueillent cette nouvelle avec la parfaite indifférence de gens qui voyagent sans éprouver le moindre désir de voir, et il y en a beaucoup de cette catégorie. Je m'asseois alors sous un gros micocoulier, au bord d'une cascade mugissant dans des rochers moussus, et je commence à déjeuner, maugréant contre les touristes qui ne voulaient pas chercher les singes, et contre les singes qui ne voulaient pas venir jusqu'à eux.

Vers la fin du repas, les étrangers se sont ravisés; ils ont tenu conseil, et, reconnaissant qu'ils étaient parfaitement ridicules de négliger un spectacle qui les avait attirés de si loin, ils viennent me prier de les accompagner.

Nous remontons les gorges dans la direction de Médéah, examinant avec attention chacun des gros arbres dominant la forêt; mais les animaux s'étaient déplacés, et nous allions revenir sur nos pas, quand un des touristes en aperçoit un, puis deux, puis cent; il croit même un instant voir apparaître sous le feuillage la tête d'une once ou d'un lynx occupé à leur donner la chasse.

La route formait un coude à cet endroit; à notre droite, et contre nous, s'élevait la haute falaise surplombant la gorge; à gauche, la Chiffa roulant sur son lit de roches, au pied de la montagne couverte d'épais buissons; dans ce maquis et à cent mètres, une bande de singes s'ébattait gaîment, sans le moindre souci des importuns dont ils étaient séparés par un abîme.

A ce moment, je pus contempler un tableau que je n'oublierai jamais.

D'un côté du ravin, des singes, de vrais singes sauvages, des lynx, des chacals courant sous les fourrés, se dissimulant au passage des clairières; de l'autre, une société des plus raffinées, touristes rangés sur le talus de la route, femmes charmantes, fraîches toilettes, effets d'ombrelles, de manchettes et de cols, calèches confortables, chevaux richement harnachés.

Je demeurai quelque temps, plongé dans un profond étonnement. « Trop, trop de civilisation ! soupirai-je tout bas » Je voulais bien voir les singes, mais pas la belle route, ni les touristes, ni la coquette auberge, ni les chevaux de luxe.

Tout cela était déplacé en cet endroit.

. . . . . . . . . . . . . . . . . . . . . . . . . . . . . . .

Lorsque je reviens à l'hôtel, mon premier soin est d'examiner les deux captifs enchaînés à l'arbre. Ils appartiennent au genre macaque (*pithecus innuus*), singe de taille assez élevée (80 centimètres). Sa face, légèrement allongée, a des abajoues très développées, dans lesquelles il cache les fruits ; ses lèvres sont minces, son visage livide, le corps robuste et dépourvu de queue, la partie postérieure très calleuse. Le magot vit dans le nord de la Barbarie, en Egypte, au Maroc ; il existe aussi dans les rochers de Gibraltar.

Cette faune, insolite en Europe, sur un point éloigné de l'Afrique de 15 kilomètres à peine, est tout une révélation. Il est bien probable que la fiction d'Hercule séparant les montagnes d'Abyla et Calpé pour donner passage aux eaux de l'Océan dans la Méditerranée, n'est qu'une allusion à l'ancienne réunion du continent à l'Afrique ou simplement au massif de l'Atlas, dans l'hypothèse d'une mer Saharienne, et les colonnes du héros, une légende destinée à perpétuer le souvenir d'un phénomène géologique dont les anciens avaient recueilli la tradition.

Mais si, remontant plus haut que les Grecs, on

recherche la primitive origine d'Hercule, on reconnaît que cette fiction devient une réalité dont la source doit être puisée chez les Phéniciens mêmes.

En effet, lorsque ces intrépides conquérants furent maîtres du West-Europe, ils nommèrent des gouverneurs de leurs colonies nouvelles, comme nous l'avons fait en Algérie, et les appelèrent *yar-cull,* littéralement gouverneurs de l'ouest. Les Grecs, chez lesquels leur renommée parvint, crurent que leurs exploits étaient l'œuvre d'un seul héros, dont ils firent un demi-Dieu, Hercule.

Les colonnes, *dites d'Hercule,* seraient donc des colonnes triomphales commémoratives de la conquête des *yar-cull.*

Ce seul fait dont la preuve est fournie par la signification des mots de la localité (*Calpe, chauve*), tous phéniciens, démontre que les faits de la mythologie ne sont pas de vains produits de l'imagination poétique orientale, mais bien des allusions, des allégories qui, comme les légendes du moyen âge, sont des superfétations nous voilant des faits historiques, souvent fort difficiles à démêler.

Un mot, en terminant, sur la façon fort singulière dont on prend les singes en ce pays.

Après avoir introduit un fruit dans une carafe, on la fixe à un arbre; le singe, gourmand autant que malin, arrive, glisse le bras dans le vase, saisit l'appât, mais, sitôt qu'il le tient, sa main pleine devenue trop grosse, se refuse à sortir du récipient; plus il fait d'efforts et plus il se cramponne à l'idée de ne pas lâcher sa proie. Victime de sa cupidité, il reste attaché à l'arbre; l'homme arrive, et s'en empare.

Je quitte le Ruisseau après avoir admiré de charmantes fresques simiennes, peintes sur les murailles de l'hôtel par M. de Girardin, capitaine aux chasseurs d'Afrique, et je me dirige vers Médéah, dont tout l'intérêt consiste à avoir été élevée sur l'emplacement d'une ancienne ville romaine. Comme la plupart des postes importants, elle est entourée d'une muraille crénelée.

Médéah, située au centre d'un pays de vignes et de céréales, a fait naître ce dicton :

« Si la famine y pénétre le matin, elle en sortira le soir »

Ce titre à la célébrité en vaut certainement bien un autre.

## XII

Les Jardins de Blidah. — Les orangeries. — Le maire député de Blidah, M. Mauguin. — La fête du Bois Sacré. — Le commissaire. — Le Rhamadan des Noirs. — Danses soudaniennes. — Le tombeau de Sidi-el-Kebir.

Un chemin de fer allant moins vite que les diligences me conduit de la Chiffa à Blidah. Les wagons, il est vrai, regorgent d'excursionnistes. Les employés sont d'une politesse exquise, nous rappelant sans cesse que nous voyageons à demi-place.

Des plaines bien cultivées sont arrosées régulièrement au moyen de rigoles côtoyant le chemin. L'absence de taupes et de campagnols en Afrique facilite singulièrement ce travail d'irrigation, en évitant les pertes d'eau dans les galeries souterraines. On récolte ainsi le tabac, le maïs, l'orge et le blé; plus loin des forêts d'orangers, dont les suaves senteurs embaument l'atmosphère, annoncent le voisinage de Blidah dans laquelle on pénètre par une avenue bordée de haies de géraniums chargés de fleurs.

A mon arrivée dans la ville, je me rends chez le maire, M. Mauguin, actuellement député, où je suis très gracieusement accueilli; il me propose même de m'expédier à Paris une caisse d'oranges de choix, ce que j'accepte, après quelque cérémonie ; il me donne en outre un employé arabe pour me faire visiter les curiosités.

Je sortais de chez ce fonctionnaire, suivi de mon indigène, quand, au détour d'une rue, je me croise avec un monsieur européen qui s'arrête et me toise en me fixant d'un œil investigateur.

Ces sortes de rencontres sont toujours assez désobligeantes, car, en Afrique comme en France, l'on n'aime généralement guère à être considéré de trop près.

Voici une petite affaire, me dis-je ; allons-y vivement, cela fera bien dans mes impressions de voyage.

— Monsieur a sans doute quelque chose à me communiquer, car cette façon de regarder le monde me semble...

— Rien absolument, monsieur.

— Eh bien ! alors, que signifie ?......

— Ah ! pardon ; mais je suis le commissaire, et vous êtes un étranger.

Quelle amère déception ! pensai-je, j'aurais préféré autre chose ; enfin, voilà une police qui ouvre l'œil ; heureusement, j'ai mes papiers.

— Enchanté, monsieur le commissaire, de faire votre aimable connaissance. Veuillez donc me conduire dans cette jolie ville que l'on nomme dit-on séjour de plaisir (*Kabah la courtisane*). Je vais congédier mon *chaouk*, afin de pouvoir causer avec vous plus à l'aise.

— Monsieur arrive sans doute de France.

— Oui, et je vais recevoir mon préfet à Alger.

— Comment, votre préfet ?

— Mais certainement, mon préfet.

— Vous voulez dire mon préfet, à moi ?

— Pardon, c'est bien le mien ; c'est mon propre préfet.

— Mais enfin, monsieur, je vous répète que c'est le mien.

— Ah! oui, je comprends ; une petite plaisanterie, n'est-ce pas ? Oui, oui, j'y suis. Votre préfet, parce que vous êtes d'Alger ?

— Non, pas du tout, mon préfet de l'Eure, M. Firbach, un homme charmant.

— Veuillez vous expliquer *sur l'heure*, car je ne comprends pas du tout.

— Je suis de Tourny, monsieur, un bourg important de la haute Normandie; je me nomme Chevallier ; j'ai quitté mon pays depuis quatorze ans.

— Alors, disons : notre préfet. Et moi, je suis le maire de votre chef-lieu.

— Comment ! M. de Pulligny ! que puis-je faire pour vous, monsieur ? Disposez de moi, je suis à vos ordres.

— C'est aujourd'hui, repris-je, le premier mercredi après l'époque du Nissam, jour de *l'Aid-el-Foul*, fête solennelle du *Bois sacré* dans la religion des Nègres; dès demain, il leur sera permis de cuire les fèves. Déjà ils ont égorgé le mouton traditionnel après la célébration de la *fatha* (prière), et les pronostics tirés de la chute de la victime par les augures sont favorables aux enfants du Soudan.

Je sais, Monsieur le commissaire, car je suis parfaitement renseigné, que vous avez interdit le vieil usage de la *derboucka* et des *karakobb's*, de peur que le bruit de ces instruments sauvages n'excite les Arabes, en réveillant chez eux le souvenir des beaux jours de l'indépendance; il me serait agréable de voir la danse du Bois sacré avec toute la mise en scène que comporte ce divertissement national.

— La danse aura lieu ce soir, selon votre désir, me repond-il ; je vais donner des ordres en conséquence ; attendez-moi un instant.

A son retour, il me fait visiter la ville, les promenades et les jardins publics, dont l'un est remarquable par une collection d'arbres classés parmi les plus rares : figuiers aux troncs énormes, et surtout arancarias de l'île de Norfolk (*A. Excelsa*), d'une grande élévation ; l'autre où se trouvent de superbes oliviers, bien antérieurs à la conquête.

D'après la tradition, les piquets de la tente de Mohammed (*le Prophète*) furent faits avec le bois de ces arbres, et, pendant bien des siècles, les femmes arabes suspendirent aux branches des débris qu'elles arrachaient à leurs vêtements, après avoir longtemps prié sous l'ombrage de la futaie vénérée.

— Cette cité est ravissante, et surtout merveilleusement tenue, lui dis-je ; comment a-t-on pu obtenir ce résultat après les frais occasionnés par sa reconstruction à la suite du tremblement de terre de 1867, et surtout avec les charges énormes dont les villes sont ordinairement grevées ?

— Blidah, Monsieur, a plus de 350,000 francs de rentes, en partie fournies par l'octroi de mer ; le commerce, en outre, est très florissant ; nous avons deux cents hectares de plants d'orangers en plein rapport ; on récolte aussi des limons, des cédrats, des citrons, des mandarines et tous ces produits sont expédiés sur les marchés de Paris où ils sont accueillis avec faveur.

Les oranges de Blidah sont très appréciées, car elles sont fines et savoureuses ; il y en a de plusieurs sortes et en quantité, ce qui permet de les livrer à un prix excessivement minime.

— M. le maire me l'a expliqué ce matin ; il a promis

de m'envoyer une caisse de ces fruits, et il a ajouté qu'il les cueillerait lui-même aux arbres, afin d'avoir le premier choix.

Tout en conversant ainsi, nous avions regagné la porte de mon hôtel, où le commissaire me quitte, promettant de venir me prendre le soir à neuf heures. En effet, au moment convenu, il se présente accompagné d'un agent indigène, et nous nous mettons de suite en route pour la fête du Bois sacré.

Nous traversons la grande rue, la place d'Armes, entourée de maisons à arcades, et nous nous engageons dans un dédale de ruelles et d'impasses formant le quartier arabe; puis, après bien des détours, nous arrivons au seuil d'une porte basse solidement verrouillée.

On frappe.

— Qui est là? répond en langue arabe une voix dont le son paraissait étouffé.

— C'est nous, ouvrez.

La porte s'entre-bâille mystérieusement, nous descendons quelques marches menant à un passage obscur, et, franchissant une arcade, cintrée en ogive mauresque, nous pénétrons dans une vaste cour brillamment éclairée... par le reflet de la lune.

Quarante à cinquante Nègres sont accroupis sur des nattes, contre la muraille; plus loin, une large chaudière remplie de kouskoussou, et placée sur un feu très vif, est entourée de femmes occupées à rajuster leur haïk, qu'elles ont jeté précipitamment sur leur tête, en nous entendant entrer. Au centre de la cour, flotte le drapeau du désert, en mémoire de la plus grande fête de l'année, le Rhamadan des populations soudaniennes.

Après quelques mots de bienvenue, le commissaire fait signe au chef de la *derdéba* (musique), et tandis que ces nègres apprêtent leurs instruments, les autres se rangent en rond, fixant vivement à leurs doigts, par des lanières de cuir, de lourdes castagnettes en fer forgé, nommées karakobb's. Alors commence une danse circulaire, dont le rythme paraît assez facile à saisir.

D'abord la cadence du pas est soutenue par le cliquetis des quatre-vingts karakobb's ; la mesure précipitée peut se traduire par la répétition de trois notes, deux noires et une blanche ( ♩ ♩ ♩ 1, 1, 2 ) ; de loin, on croirait entendre une formidable légion de grenouilles coassant dans un étang.

Peu à peu, la vitesse augmente (♫ ♩ ♫ ♩), le pas se change en course, et les instruments accélèrent leur mesure. Bientôt, aux mandolines, se joignent les derbouckas ou tambourins ; la danse prend un nouveau caractère : elle devient à la fois collective et individuelle, c'est la figure des bâtonnets.

Chaque noir saisit d'une main une baguette de bois dur, et, agitant de l'autre les castagnettes, reprend sa course circulaire. Tout en exécutant un tour sur lui-même, et, sans modifier son allure, il lève le bâtonnet et le frappe bruyamment contre celui de son voisin, qui en fait autant, et ainsi de suite, à la ronde.

Le bruit strident des baguettes, mêlé à celui des karakobb's, des derbouckas, et aux joyeux you-you des femmes voilées, retirées à l'écart, produit l'effet le plus saisissant.

Pendant ce temps, la lune dans son plein, éclairait les nègres d'une vive lumière, colorant leurs formes blafardes de teintes étranges, et le feu, pétillant sous la chaudière, projetait contre les murailles les grandes ombres des Arabes rangés autour de l'âtre.

Je ne pouvais détacher les yeux de ce tableau ; je

croyais être à trois mille lieues de la France, et, lorsque le commissaire me rappela à la réalité, la nuit était déjà bien avancée.

Je remerciai avec effusion le chef des nègres, lui achetant, en souvenir, une paire de ces curieux karakobb's qu'il me fixa lui-même aux mains, en m'expliquant la manière d'en faire usage, et je pris congé de lui, le laissant tout au plaisir du festin qui allait commencer et se prolonger probablement jusqu'au jour, car l'indigène, assez sobre pour se contenter souvent de quelques épis glanés dans le champ, sommairement égrenés entre les mains, ou de cinq ou six figues en reserve au fond du capuchon, ne connaît plus de limite quand il s'agit d'un repas de fête.

Voici le menu d'une diffah offerte à dix de nos collègues de passage à Djoûab :

*Chorbah :* potage farine, abricots, au poivre rouge.

*Souksou :* kouskoussou de froment et millet avec mouton bouilli.

*Chita :* viande sauce rouge au piment.

*Makroot :* gâteau farine miel et beurre.

*Méchoui :* mouton rôti.

*Haimz :* poulets en sauce.

*Ysemel :* gâteaux.

*Rahris :* crêpes au miel.

*Djelben :* fromage de chèvre.

Dattes, nèfles, fruits.

L'hospitalité des Arabes est proverbiale, et la *diffah* en est l'expression la plus solennelle vis-à-vis de l'étranger. . . . . . . . . . . . . . . . . . .

Une autre cérémonie religieuse a lieu ici chaque année, aux environs du 18 mars. Une affluence considérable se rend, en procession, avec chants, cierges, bougies et lanternes, d'un effet très pittoresque, au tombeau de Sidi-el-Kebir. Lorsque tout le peuple est réuni, un prêtre s'introduit dans le mausolée et, simulant un entretien avec le saint marabout, fait entendre les accents lugubres d'une voix caverneuse, auxquels répondent les prières des croyants.

Cette fête, qui se reproduit, pendant une semaine, dans toutes les villes arabes, présente, à Blidah plus qu'ailleurs, un grand caractère, le marabout de Sidi-el-Kebir étant classé parmi les plus renommés de l'Algérie.

## XIII

Bouffarik. — Plaines de la Mitidja. — La fée Mitidja. — Cultures du Tell. — Grandes fermes de M. Arlès-Dufour. — Domaine de M. le comte de Richemond. — Les vins d'Afrique.

Aujourd'hui 14 avril, jour de l'ouverture du Congrès, je me mets en route pour Alger, et malgré l'heure matinale, je retrouve à la gare mon commissaire. Il m'attendait depuis longtemps, et sa figure était radieuse.

— Permettez-moi, monsieur, de vous offrir ce petit souvenir, dit-il, en me présentant un paquet soigneusement enveloppé.

C'étaient de belles armes kabyles *(flissas et yâtâgâns)* d'un travail et d'un fini remarquables.

— Vous êtes mille fois aimable, mais je ne saurais accepter ce précieux cadeau.

— Croyez-moi, ajouta-t-il, ces armes pourront vous servir, si vous réussissez à pénétrer chez les Kroumirs, et, au cas où quelque obstacle s'opposerait à la réalisation de votre projet, elles vous seront encore utiles dans vos chasses aventureuses. Je ne saurais mieux vous exprimer tout le plaisir que m'a causé votre rencontre.

Il était difficile de refuser une offre faite de si bon cœur, et, après avoir chaleureusement remercié cet excellent homme, et lui avoir promis de le recommander tout spécialement à M. le préfet, à cause de la façon extra-régulière de son service policier, je montai en wagon; il était temps, le train partait.

La contrée que nous traversons est remarquable par sa fertilité, et Bouffarik, situé au milieu de la Mitidja, est devenu le centre colonial de cette plaine célèbre. Avec ses rues larges, arrosées par des eaux limpides, et ombragées de superbes platanes, Bouffarik a déjà très grand air, et sa population de 8,000 habitants s'accroît sans cesse, en raison de l'importance des cultures environnantes.

Une vieille légende avait fait de la plaine qui l'entoure un ravissant séjour où la fée Mitidja attirait par ses charmes le voyageur égaré. Là, dans un palais féerique, entouré de fontaines, de bosquets et de fleurs, la perfide enchanteresse, secondée par un essaim de nymphes et de sirènes, torturait le malheureux en lui faisant subir ce supplice que le Prophète réserve dans son paradis aux plus fervents de ses adeptes, puis renvoyait ensuite sa victime complètement anéantie.

Cette légende était une figure, car les premiers colons mouraient ici comme des mouches, et les plus épargnés restaient affectés de terribles fièvres paludéennes. Mais, grâce aux travaux d'assainissement, les marais ont disparu, et de superbes récoltes couvrent ce sol privilégié.

La plaine de la Mitidja, sur une étendue de cent kilomètres, est formée d'un sol profond et fertile, de nature argileuse et argilo-marneuse, mélangé de silice dans les parties d'alluvions. Ces terres fortes reposent sur les diverses couches du terrain tertiaire, et quelquefois les étages moyens et inférieurs de la craie, disposition qui se rencontre dans presque toute la région tellienne, c'est-à-dire sur une bande de 300 lieues courant parallèlement à la mer.

Les cultures les plus diverses occupent ce vaste territoire et de puissantes exploitations ont rendu célèbres en Algérie les noms de MM. Beudon à Duperré, Mercurin à Charaga, Gros-Leroux, docteur Miergues, Chiris, les Trappistes de Staouéli et tant d'autres à Blidah, à Bouffarik, à Mostaganem, à Orléansville.

A l'Oued-el-Alleug, sur une propriété de deux mille hectares (certaines parties de la Mitidja valent 8 et 10,000 francs l'hectare), M. Arlès-Dufour a résolu les problèmes les plus délicats de l'agronomie moderne. Aidé d'un puissant capital, il a pu créer de grandes fermes où l'on rencontre des bergeries de mille moutons, des étables de deux cent cinquante vaches, des écuries de soixante chevaux ; ses terres, abritées contre le mistral et le sirocco par de quadruples rangées d'arbres, sont assainies par des fossés de drainage ou arrosées par des eaux artésiennes, suivant que leur nature est humide ou sèche ; elles sont desservies par un réseau de routes empierrés, et reliées par des fils téléphoniques à la direction centrale.

Avec un assolement triennal, M. Arlès-Dufour obtient des rendements moyens de quinze quintaux métriques de blé à l'hectare, de vingt quintaux d'avoine et de vingt-six de maïs (le quintal métrique pèse cent kilogrammes) ; cinq mille kilogrammes de foin et un excellent pâturage d'octobre à décembre pour les luzernes non arrosées, et jusqu'à quinze mille pour celles qui ont été irriguées.

Grâce à de pareils résultats multipliés par le nombre de terres en pleine exploitation sur la surface du Tell, l'Algérie qui, en 1848, recevait de la France pour vingt-quatre millions de céréales, peut non seulement se suffire aujourd'hui, mais encore trafiquer sur une certaine échelle, assez faible toutefois pour la mettre à l'abri des funestes effets du *libre échange*, qui ruine la culture en France et fait de la condition si libérale, si noble du cultivateur, un métier de mercenaires où d'habiles agronomes sont réduits à se faire régisseurs à gages, en attendant le régime normal de la *protection* qui leur permettra de vivre honorablement du fruit de leurs labeurs.

Les blés les plus recherchés en Algérie sont les blés tendres (Tuzell) très estimés dans la minoterie du Midi, et les blés durs barbus d'un rendement bien supérieur aux blés glacés ordinaires.

Après les céréales, d'autres cultures moins importantes, mais tout aussi productives, procurent à nos intelligents colons des ressources sans cesse croissantes.

Le tabac, dont le trafic est libre en Algérie, rapporte un bénéfice net de 6 à 900 francs par hectare; le lin, outre le textile, fournit à l'exportation annuelle près de 40,000 quintaux de graine; le chanvre commun, celui de la Chine atteignant jusqu'à vingt pieds de hauteur, rivalisent avec l'halfah, le chamœrops et l'agave, ces moissons naturelles des hauts plateaux, pour alimenter les fabriques de tissus communs, de vannerie, de crin végétal, de sparterie, de corderie, de papier et d'étoffes usuelles ; le china-grass, vulgairement ramie (*rusticus utilis*), appelé suivant les cas à remplacer le lin, le chanvre, le coton et même la soie, donne quatre coupes par an et rapporte en moyenne 800 francs de l'hectare.

Nous ne dirons rien du coton dont la culture, si florissante au temps de l'occupation turque, ne peut triompher aujourd'hui de la concurrence des Etats-Unis; il en est de même de la soie qui, néanmoins, a de l'avenir, car, d'après la tradition, les mauresques pratiquaient autrefois avec succès l'élevage des insectes producteurs.

L'industrie tire des profits très appréciables de la distillation d'une foule de plantes auxquelles le climat de la Mitidja est parfaitement approprié.

Les arbres de la famille des aurantiacées fournissent les extraits de bigarade, de cédrat, de citron, de néroli, l'eau de Portugal et celle de fleurs d'oranger. Le jasmin, la tubéreuse, la violette, la menthe, la verveine, la lavande, le romarin, la sauge, le thym, la marjolaine, l'absinthe saturent les liqueurs et les essences de leurs parfums délicieux. Le géranium-rosa, en particulier, donne un précieux produit qui peut lutter avec avantage contre l'essence de rose d'un prix beaucoup plus élevé (2,500 fr. le kilog.).

Le ricin, le séné, l'opium, le sorgho, le safran, l'asphodèle, les arachides, le hachich concourent également, par leur exploitation, à augmenter les richesses de la colonie.

Enfin les olives, les arbres fruitiers d'une infinité d'espèces, les légumes verts et secs, les plantes à fruits telles que le fraisier, etc., fournissent une quantité considérable de produits, qui se vendent sur tous les marchés de l'Europe sous le nom de primeurs.

Toutes ces cultures, en se déroulant sous nos yeux, nous présentent un aperçu des ressources de cette belle contrée qu'il est bien permis de nommer *terre promise*, car, lors de l'enquête faite en 1879, nos députés ont pu goûter ici une grappe de raisin longue de 30 centimètres et pesant 7 kilogrammes !

Nous avançons toujours vers la métropole et nous

trouvons sans cesse, sur la route, un nouveau sujet d'étonnement et d'observation.

Voici le beau domaine de M. le comte de Richemond : il contient 1.500 hectares dont une centaine environ sont plantés en vignes ; or, un hectare de vigne produit annuellement jusqu'à 50 hectolitres de vin à 40 fr. l'hectolitre ; il est aisé de calculer le rendement total. Certains cépages, même, tels que le *Petit-Bouchet*, donnent 200 hectolitres à 20 fr. chaque par hectare.

La vigne a un grand avenir en Algérie ; résistant plus que toute autre plante à la sécheresse, elle croît vigoureusement sur tous les points où l'essai en a été pratiqué. Quelques crûs ont déjà donné des qualités supérieures : les vins blancs de Staoueli, de Kouba, du Chéliff ; les rouges de Médéah, de Birmandreis, de Mascara commencent à être justement appréciés ; comme classement général et sommaire, nous noterons la province d'Oran pour ses vins foncés et alcooliques, ainsi que ses vins blancs et de liqueur ; celle d'Alger pour ses vins de coteaux demi-clairs ; celle de Constantine pour ceux demi-foncés, pouvant faire des vins de table propres à la consommation. Les alcools donnent des eaux-de-vie de marc d'une couleur parfaite dans les trois départements, et déjà fort goûtées des connaisseurs.

La colonie possédait, il y a quinze ans, 500 hectares à peine de vignobles : aujourd'hui elle en compte 50,000 produisant plus d'un million d'hectolitres.

Si le gouvernement maintient, avec sévérité, les lois de prohibition dont sont frappés les ceps étrangers, rien ne saurait entraver une culture mise ainsi à l'abri du redoutable phylloxera, et l'Algérie, après avoir reçu pendant bien des années les subsides de la mère-patrie, serait en mesure à son tour de lui venir en aide en réparant les désastres causés à son industrie vinicole par le terrible fléau.

Nous ne saurions terminer ce chapitre sans rendre ici un public hommage à M. Ayme, l'intelligent organisateur de la section algérienne à l'exposition régionale de Rouen (juin 1884), membre du Conseil supérieur de l'Algérie, conseiller général et président du syndicat de la vallée du Saf-Saf-Négrier. M. Augustin Ayme, dans une propriété de 900 hectares aux environs de Tlemcen, pratique sur une grande échelle l'élevage, la culture des céréales, des orangers, des arbres fruitiers et de la vigne. Il a su grouper dans sa section les produits de 1,200 exposants des trois provinces, et les monceaux d'échantillons de vins en bouteilles accumulés sur les étagères, après avoir été appréciés par les ministres venus à Rouen pour l'inauguration, démontreront aux plus sceptiques tout ce que l'avenir réserve aux infatigables viticulteurs de notre belle colonie nord africaine.

Cependant, il ne faut pas se le dissimuler, bien des colons ont besoin de conseils.

Quantité de propriétaires, égarés par de faux savants, croient encore que le *mouillage* et le *plâtrage* sont des moyens efficaces; erreurs qui mènent aux plus mauvais résultats, font *piquer* et *tourner* les vins et les condamnent à la chaudière.

Les caves ouvertes, les coups de vent intempestifs et mille autres causes amènent l'*acétification* par la formation sur le *chapeau* à l'air libre du *mycoderma aceti*. Il en est de même des cuvaisons trop prolongées, de la négligence apportée à l'*ouillage* des fûts, puis des vendanges trop hâtives ou trop retardées. Un excès d'alcool ou de sucre serait aisément évité par l'emploi du *glucomètre*, réglé à 10 ou 12 degrés.

Enfin une étude approfondie du terrain à mettre en vignes et un soin judicieux dans le choix des cépages pourraient seuls mettre un terme à la période des tâtonnements pendant laquelle l'Espagne et l'Italie, profitant de notre inexpérience, envoient en Angleterre et jusqu'en Amérique leurs vins logés en barriques, portant pour étiquette les noms de nos propres crus français.

## XIV

Les colons. — Le gouvernement colonial. — Comparaison entre colonies françaises et colonies anglaises. — Le Trans-Saharien. — La Mer Intérieure. — Le Trans-Continental Nord-Afrique.

Quand on considère que la colonie africaine occupe une surface de soixante millions d'hectares, dont quatorze millions attribuables au Tell, région essentiellement fertile, on se demande pourquoi nos populations pauvres ne se déplacent pas en masse pour occuper cette terre privilégiée.

Le Français, si intelligent, est, il faut en convenir, absolument maladroit quand il s'agit de s'expatrier ; il ira partout excepté à l'endroit propice. Il parcourra des milliers de lieues ; il se dirigera vers le Sud-Amérique, le Far-West ou quelque lointain territoire, lorsqu'il trouverait, à quarante-huit heures à peine du sol natal, des terres tout aussi fertiles, offrant une sécurité et une salubrité incontestables, et de plus régies par les lois de son propre pays. Cette erreur ne peut se comprendre.

N'y aurait-il pas eu quelque sujet de plainte, quelque faute commise par les différents régimes qui se sont succédé depuis quarante ans ?

On me citait des colons nantis de concessions et dont, néanmoins, la position n'était pas régularisée après plus d'une année d'attente; l'argent destiné à l'achat du matériel était dépensé, pendant ce temps, pour l'entretien de la famille, et le malheureux obligé de retourner dans son village complètement ruiné.

Il peut, dira-t-on, recourir aux usuriers, et ces sortes d'instrustriels ne manquent pas en Algérie. Mais alors qu'arrive-t-il? Au lieu du taux légal, dix pour cent déjà fort élevé, le Juif, voyant un colon sans garantie, avance l'argent à trente, et souvent cinquante et soixante pour cent; et le pauvre homme est presque toujours réduit à abandonner le nantissement, la concession même entre les mains du prêteur.

Autre observation : Sur une population de trois millions d'âmes, la France figure à peine pour un vingtième et ce nombre augmente tout au plus de cinq à six mille par année, quand les musulmans s'accroissent de cent mille pendant la même période? Or l'Arabe n'est pas assimilable, puisque, si nous ouvrons au hasard une statistique (1879 par exemple) nous y trouvons sur un total de 2.687 mariages, 1.249 entre français, 996 entre étrangers, 436 entre français et étrangers et *6 seulement entre Européens et Musulmans!* Que devient donc l'avenir de notre colonie, en présence des chiffres ci-dessus ?

A part la plaine de la Mitidja contenant deux cent mille hectares, celles du haut et bas Chéliff, plus considérables, et quelques autres points du Tell, le sol de l'Algérie est à peu près resté en friche. Sur soixante millions d'hectares, trois millions seulement sont en culture, c'est-à-dire un hectare par habitant.

Les Arabes, il est vrai, continuent à gratter avec l'araire, les clairières semées çà et là parmi les palmiers nains et les lentisques ; ils y jettent quelques poignées d'orge, mais ce n'est pas sérieux.

Ne conviendrait-il pas de substituer au système actuel de concessions gratuites sous promesse de propriété, une donation pure et simple ? Le colon prendrait un plus grand intérêt à cultiver une terre lui appartenant irrévocablement.

Sous le régime en vigueur, le fisc ne peut que perdre, puisque les transactions sont entravées par un état constituant les immeubles biens de mainmorte, et les mettant, par le fait, hors du commerce. Pourquoi ne pas délivrer de titres définitifs ?

D'autre part ne serait-il pas opportum d'établir le principe de la propriété individuelle ? l'indigène, ainsi rattaché au sol, pourrait aliéner au profit des colons, la plus grande partie d'un territoire qu'il ne cherche même pas à cultiver, tant il est vaste.

Quant à l'administration coloniale, dont on s'est beaucoup occupé depuis quelques années, on est loin d'être d'accord sur le système le plus convenable à adopter.

Les uns voudraient une adjonction complète à la métropole, avec soumission absolue à son régime et à ses lois ; d'autres réclament un ministère spécial de l'Algérie ayant la direction et la centralisation de toutes les affaires. Ceux-ci rêvent autonomie ; ils ne sont pas séparatistes, disent-ils, mais simplement décentralisateurs ; unie à la France au point de vue politique, l'Algérie serait libre de s'octroyer un régime spécial, élaboré par un conseil supérieur ou même un parlement essentiellement algérien, juge suprême de l'opportunité de telle ou telle loi, et de ses différents modes d'application, selon la diversité des territoires.

Beaucoup regrettent, tout bas, le régime militaire, exempt d'indécision, de tâtonnements, de compétitions, mais ils ne veulent pas se l'avouer. Quelques-uns, enfin, prennent pour type de leur idéal l'Angleterre, si remarquable par l'intelligente administration et la prospérité toujours croissante de ses colonies.

Sans entrer ici dans des développements en dehors de notre cadre, il nous semble difficile d'établir un point de comparaison exact entre les possessions anglaises et les nôtres.

Prendrons-nous pour exemple l'Australie, où le système adopté est presque l'autonomie? Mais il n'existe pas d'indigènes sur ce continent, par conséquent pas de nécessité d'entretenir une armée; chaque province possède, il est vrai, son parlement; toutefois le gouverneur est nommé par la reine et relève de la couronne.

Au contraire, il n'y a que des indigènes aux Indes, et un nombre insignifiant d'européens. Pas d'autonomie; point de parlement; un simple conseil consultatif s'occupe des affaires locales, sous la direction d'un vice-roi, tenant les pouvoirs de la métropole.

Au Canada, où il reste fort peu de sauvages, la situation est identique à celle de l'Australie.

Seule la Nouvelle-Zélande se rapproche de l'Afrique française; il s'y trouve, en effet, un grand nombre d'indigènes détenteurs de la propriété foncière, motivant, par le fait, l'entretien d'une armée; mais, là où le régime diffère complètement du nôtre, c'est que, tout en conservant sa suprématie, l'Angleterre donne aux naturels des droits politiques et les admet même dans le parlement local.

Que l'Algérie proclame le principe de l'autonomie absolue, où trouvera-t-elle des troupes pour protéger son territoire? Et dans le cas même où conservant ses attaches politiques à la mère-patrie, elle en recevrait l'armée destinée à la défendre, où se procurera-t-elle des subsides pour ses routes, ses barrages, ses reboisements, ses chemins de fer ? les chemins de fer surtout, et l'on ne saurait se faire une idée de la passion avec laquelle ces questions brûlantes sont soulevées en ce moment.

Le grand mot de ralliement est le Trans-Saharien; hors de là point de salut. Or, sait-on bien en quoi consiste ce projet ?

Joindre Oran ou Alger au Niger !

Mettre le Soudan à six jours d'Oran ou huit de Marseille, et tenir ainsi en échec les paquebots de Bordeaux dont le trajet est de neuf jours pour Saint-Louis (*Sénégal*) séparé lui-même du Niger (*Ségou*) par une distance de trois cents lieues.

Deux tracés sont en présence : celui d'Alger, dû à M. Duponchel, mesure 2,500 kilomètres ; l'autre, partant d'Oran, présenté par M. Pouyanne, est de 2,363. Longeant la frontière du Maroc, sur une ligne perpendiculaire à la Méditerranée, il gagne El-Outed en Algérie (463 k.), puis Igli, territoire indépendant (300 k.), Timadanim, en plein Sahara (500 k.), et traversant des forêts peuplées d'éléphants, d'antilopes, de gazelles et de girafes, arrive à Bourroum ou à Tombouctou (1,000 k.).

En ajoutant au prix de la voie (105 à 180,000 fr. le k.), celui du matériel roulant (12,000 fr. par k.), on obtient un total de 350 millions pour les 565 lieues de chemin de fer.

Certes, en présence du nombre prodigieux de capitaux engagés annuellement dans les entreprises industrielles, ce chiffre ne semblerait pas extravagant, si les chances de vitalité, et surtout de trafic de la ligne, répondaient au prix d'établissement, d'entretien et d'exploitation ; or, d'après les évaluations sommaires, les transactions avec les populations soudaniennes, desservies par cette grande artère (8 à 900,000 habitants), consisteraient en 400,000 tonnes de dattes, produit de 10 à 12,000 palmiers ; 50,000 tonnes de sel, plus le transport des céréales d'Algérie. Mais les indigènes se prêteront-ils à ce transit ?

On compte baucoup aussi sur l'échange des produits manufacturés de France ; reste à savoir si les nègres du Soudan consentiront, à l'exemple des Japonais, *nouvelles couches* de l'extrême Orient, à troquer leur costume primitif contre l'habit à la française, ou les stocks fourvoyés de la *Belle-Jardinière*. Là, est toute la question.

Quoi qu'il en soit, tandis que les colons de l'Ouest se préoccupent d'unir Oran à Tombouctou et de gagner ainsi par terre le Sénégal, ceux de l'Est nourrissent l'espoir de voir enfin se réaliser le projet, élaboré depuis plusieurs années, par le commandant Roudaire. Il semble aisé, sur la carte, de réunir entre eux les *chotts* de la province de Constantine, pour créer une mer intérieure, faisant suite à la Méditerranée ; en sera-t-il de même à l'exécution ?

On se demande si ces eaux saumâtres seront de nature à fertiliser les sables du Sahara, déjà imprégnés de sel sur une certaine étendue du désert, et si la perspective incertaine d'une modification climatérique, amenée par cette mer, se réalisera, et enfin si le trafic de la ligne sera aussi avantageux que l'affirme le commandant Roudaire ?

Ces deux projets, il faut néanmoins en convenir, ne manquent pas de grandiose ; si leur exécution répond aux calculs de nos habiles ingénieurs, elle donnera certainement une vive impulsion au commerce et à la colonisation de l'Algérie, tout en protégeant, d'une façon efficace, nos frontières de l'Est et de l'Ouest.

Pour terminer cet aperçu des grands projets à l'ordre

du jour, nous mentionnerons le vœu unanimement émis, « que *les Etats Barbaresques veuillent bien associer leurs efforts aux nôtres pour entrer dans la voie des communications internationales, en reliant leurs possessions à la colonie française* ». Un chemin de fer, joignant le Maroc à Oran, pourrait, en traversant les régions fertiles du Tell, ancien grenier de Rome et de Carthage, atteindre Tunis, la Tripolitaine et aboutir à la riche vallée du Nil.

Ce chemin déjà commencé sur nous, baptisé même du nom de *Trans-Continental Nord-Afrique*, permettrait, le jour où le réseau espagnol sera terminé, d'aller de Paris à l'Isthme de Suez par terre, sauf l'insignifiante traversée de Tarifa à Tanger. On visiterait ainsi l'Espagne, Fez, Alger, Tunis, Tripoli et Le Caire, résultat merveilleux, peut-être plus proche qu'on ne le croit, surtout si l'électricité se décide à nous dire son dernier mot.

Toutes ces considérations sont le résultat de mes observations, jointes aux échos des mille conversations que j'entends de tous côtés. J'ai pris des notes en touriste, sans parti pris, laissant aux hommes spéciaux, le soin d'élaborer des systèmes sous leur propre responsabilité.

Cela dit, en passant, je continue à dépouiller mon carnet et me trouve à Alger, assez à temps pour chercher un logement, avant l'ouverture du Congrès.

## XV

### Conquête de l'Algérie.

Alger !... Au moment de pénétrer dans la métropole, le lecteur voudra bien nous excuser de lui rappeler en quelques mots les principaux épisodes de la lutte glorieuse, dont l'issue favorable assura la possession de l'une de nos plus précieuses colonies.

C'était en 1830 : le 14 juin, l'amiral baron Duperré, à la tête d'une flotte de 600 bâtiments, appuyés par cent vaisseaux de guerre, débarque à Sidi-Ferruck une armée de 35,000 hommes qui, sous le commandement du général comte de Bourmont, livre la bataille de Staoüeli et s'empare, le 5 juillet, de la casbah d'Alger ; on y prit 800 canons, et 48 millions et demie, en monnaie d'or, d'argent et de bronze de toutes les époques, pillé par les galères des pirates algériens sur les navires de tous pavillons, véritable trésor de numismatique, enfoui dans les souterrains du fort ; il suffit, et au-delà, aux frais de l'expédition.

La guerre d'Afrique, vigoureusement poursuivie à la suite de ce haut fait d'armes, inaugura cette brillante école du soldat qui fit, pendant près d'un demi-siècle, l'admiration de l'Europe entière.

Chaque victoire avait d'autant plus de mérite qu'on

luttait contre un ennemi plein de courage, disputant le sol pas à pas, aguerri au climat, connaissant le terrain à fond, et sachant se dérober à propos pour reprendre l'offensive, le jour où il se sentait le plus fort.

Grâce à l'énergie des chefs, grâce aussi à cette ardeur des premiers moments, propre au caractère français, les principaux points stratégiques tombèrent entre nos mains ; mais bientôt, pour conserver les villes du littoral que l'on ne pouvait même relier entre elles, l'armée, sans cesse harcelée, dut renoncer aux expéditions lointaines ; en outre, une personnalité redoutable venait de surgir ; Abd-El-Kader, fils de marabout, marabout lui-même à son retour de la Mecque, était entré en campagne.

Doué d'une capacité et d'une intelligence hors ligne, dévoré d'ambition sous les dehors de la plus feinte humilité, il avait su rallier les Arabes à sa cause et se faire proclamer émir ; or, comme nous ne possédions pas de forces suffisantes pour lui faire une guerre en règle, il fallut transiger en reconnaissant sa suzeraineté sur tout le territoire situé en dehors de la zone maritime (21 février 1834). Les suites de ce funeste traité furent désastreuses et eurent pour conséquence la déroute de la Macta.

Cependant nos intrépides soldats ne pouvaient rester longtemps sous le coup d'une défaite, et la victoire de l'Habra vint montrer au prince des infidèles qu'il aurait encore souvent à compter avec nous.

Cette guerre se poursuivit ainsi, pendant des années, avec des chances diverses.

Sous l'égide tutélaire de la troupe, de hardis pionniers commencent à défricher les terres incultes, à assainir les marais. Des fermes s'élèvent, de petits centres se créent autour des grandes villes, et la colonisation, prenant un premier essor, s'étend peu à peu sur les territoires conquis. La tâche fut dure, il est vrai, car, bien souvent, on perdait en un jour le fruit de plusieurs mois d'un travail assidu.

Les plus grands noms de France, heureux de s'associer à une entreprise aussi glorieuse, briguaient tour à tour l'honneur d'arroser de leur sang cette terre d'Afrique disputée avec tant d'opiniâtreté.

Aux généraux : baron des Michels, Berthezène, comte d'Erlon, Trezel, de Maussion, marquis Oudinot et d'Arlanges, avaient succédé le duc de Rovigo, Voirol, Bro, Rapatel, les barons de l'Etang, de Marbot, de Perregeaux, de Bourgon, le maréchal Clausel, les colonels Duvivier et Combes ; tous s'étaient mesurés avec les plus fougeux lieutenants d'Abd-El-Kader, comme on vit, aux beaux jours de Rome et de Carthage, les Scipion, les Metellus, les Marius, les Scylla, César, Salluste, Suétone, Capellanus, Galerius, combattre les Syphax, les Massinissa, les Asdrubal, Jugurtha Bocchus, Mandrestal, Bogug.

Les traits d'héroïsme, les actions d'éclat ne se comptaient plus dans les rangs de l'armée ; au second siège de Constantine, où le colonel de La Moricière et le commandant Vieux, du génie, arrivent les premiers au sommet du rempart, le général en chef, comte de Danrémont, tombe foudroyé à la tête de ses troupes. Sur une colonne de onze mille hommes, les officiers et les sous-officiers comptent chacun pour un quart, perte effrayante, parmi les victimes.

Après le téméraire assaut et la prise de *la ville imprenable*, dont la nouvelle fut accueillie dans toute la France par des manifestations enthousiastes, le maréchal comte Valée ramène à Bône la phalange victorieuse. L'Algérie entre pour quelque temps dans une ère de tranquillité.

De nombreuses tribus s'étaient ralliées sous nos drapeaux. Brisant le serment de fidélité qu'elles avaient prêté entre les mains de l'émir, elles préfèrent un protectorat efficace à des combats continuels, aboutissant, le plus souvent, à la défaite de leur chef; aussi, malgré les exécutions barbares ou les menaces de mort contre toute défaillance, ces précieux alliés n'hésitent pas à nous suivre et deviennent pour nous de puissants auxiliaires.

D'autre part, le général Bugeaud avait profondément modifié la tenue du soldat en campagne et la manière dont il devait combattre. Il avait reconnu que le véritable ennemi était le convoi, car son matériel, lourd et encombrant, entravait sans cesse la marche des colonnes; il substitue aux prolonges le mulet et le chameau, chargés à dos.

L'Arabe faisait la guerre à la façon des Indiens, tantôt embusqué sous les fourrés inaccessibles, tantôt s'élançant au galop de ses incomparables chevaux, déchargeant son arme, et repartant à toute bride, comme à la campagne du Mexique, les hardis cavaliers enlevaient au lasso nos soldats isolés; quelquefois, couchés dans les hautes herbes, ou revêtus de feuilles de palmier nain, pour simuler un arbre, ils se glissaient la nuit jusque dans les camps où ils semaient l'alarme. Le général fait éclairer les troupes par des tirailleurs indigènes, dressés à ce mode de combat.

Avec un chef aussi expérimenté, stimulée en outre par la présence des princes du sang qui venaient se mêler à la lutte, l'armée d'Afrique prit bientôt une allure nouvelle.

Le duc de Nemours s'était couvert de gloire à Constantine; un an après (octobre 1839), le duc d'Orléans force le passage des Portes de Fer, opération devant laquelle les Romains eux-mêmes avaient reculé, puis, tandis que les généraux de Négrier, marquis de Caraman, Galbois, Changarnier, Schram, Bedeau, Pélissier, Yusuf, de Saint-Arnaud, après avoir écrasé l'infanterie régulière ennemie à la Chiffa, occupent Blidah, Milianah, Cherchell, Tlemcen, Mascara même, ville capitale et entrepôt militaire de l'émir ; pendant que le capitaine Lelièvre repousse avec 123 hommes l'assaut donné durant quatre jours, dans une masure à Mazagran par douze mille Arabes, le duc d'Aumale prélude, en opérant sur le Chéliff, au brillant fait d'armes qui, peu après, mettait Abd-El-Kader dans le plus grand péril.

La prise de *la Smalah* par le prince fit tomber entre nos mains quatre mille prisonniers, quantité d'armes, de munitions et un butin considérable ; elle eut un retentissement immense. L'émir, abandonné de tous, gagna précipitamment le Maroc, ayant pour seules compagnes, sa femme et sa mère âgée.

A ce moment suprême, tout semblait fini pour l'indomptable chef, et chacun s'attendait à une pacification prochaine, lorsque l'empereur du Maroc, demeuré neutre jusque-là, eût la faiblesse de l'accueillir et d'envoyer contre nous une puissante armée, au mépris des traités et de la violation du territoire français.

Le maréchal Bugeaud accourt à la tête de dix mille hommes, prend position sur les bords de l'Isly, et forme, sous l'attaque impétueuse de trente-cinq mille cavaliers, le célèbre *carré* qui inscrivit une victoire de plus aux fastes glorieux de l'Algérie. Le fils d'Abd-El-Rhaman laisse entre nos mains tout son camp, et le fameux parasol, insigne de royauté, va rejoindre à l'hôtel des Invalides les trophées de drapeaux enlevés à l'ennemi.

Si l'armée s'était distinguée sur ce champ de bataille qui valut au maréchal le titre de duc d'Isly, la flotte n'était pas restée inactive. L'amiral prince de Joinville avait dirigé l'escadre vers la côte du Maroc ; il bombarde Tanger et Mogador, puis, descendu le premier à terre, rallie ses intrépides marins, les entraîne au milieu du feu le plus meurtrier, et, faisant preuve d'un courage héroïque, brise toute résistance, ravage les deux places et culbute à la mer garnisons, batteries, canons, remparts.

Une plus longue résistance devenait inutile ; l'empereur le comprit et signa la paix avec la France, s'engageant à chasser Abd-El-Kader de ses Etats.

En Algérie, de lointaines expéditions à Laghouat, au Djebel-Amour, à Biskra, chez les Flittas, dans l'Aurès, au Dahra, au Hodna, entreprises par les généraux Levasseur, Renault, Tempoure, comte de Bar, Herbillon, avaient été couronnées de succès ; mais, tout-à-coup, un nouveau prophète s'était levé et marchait hardiment contre nous.

Homme intrépide et infatigable, Bou-Maza avait profité de l'éloignement de l'émir pour prêcher la guerre sainte. Son triomphe ne fut pas de longue durée, il tomba entre nos mains, et, peu après, l'émir lui-même, à bout de ressources, traqué de toutes parts, fut chassé du Maroc où il avait cherché un dernier refuge, et refoulé sur nos colonnes à Sidi-Brahim. Le brave de La Moricière l'accueillit en souverain déchu ; il lui promit l'*aman* (pardon) et le fit embarquer à Oran (25 décembre 1847). Interné à Pau, puis à Amboise, il fut mis en liberté en 1852 par l'empereur Napoléon III.

On était en 1848. Une révolution aussi soudaine qu'imprévue avait retiré leurs commandements à de généreux princes dont les glorieux services ne purent faire pardonner le tort d'appartenir à une famille royale. L'Algérie tout entière fut profondément affectée de leur exil.

Des insurrections partielles, résultant du nouvel état de choses, entravèrent quelque temps les progrès de la colonisation poursuivie avec tant de zèle par l'infatigable maréchal Bugeaud. Ce fut d'abord dans le sud, un cheikh nommé Bou-Zian qui, par son énergique résistance, sous le prétexte de la taxe des palmiers, portée de 25 à 40 centimes, motiva une première expédition contre Zaatcha. Les troupes trop peu nombreuses ayant échoué, les colonels Canrobert, Barral, Petit et de Lourmel revinrent en force et furent réduits à détruire l'oasis, après un combat terrible où les Arabes se firent tuer jusqu'au dernier.

Peu après, les Kabyles se soulevèrent. Il fallut à l'armée des prodiges de valeur pour atteindre l'ennemi dans les montagnes, et le déloger de villages assis sur des crêtes ou des pics aigus, réputés de tout temps inaccessibles.

La soumission de la Kabylie, dernier épisode important de cette longue guerre, eut lieu en 1871, entre les mains des généraux Lallemand, Lacroix et Cérez; 80,000 fusils et 30 millions en argent furent les conditions de l'aman.

L'Algérie, depuis son annexion à la France, avait été administrée par des gouverneurs militaires; aux noms glorieux que nous avons cités, nous ajouterons ceux des généraux Cavaignac, Changarnier, Marey-Monge, Charon, d'Hautpoul, Randon, Renault, de Martimprey; puis, deux maréchaux: Pélissier, duc de Malakoff, et de Mac-Mahon, duc de Magenta; à l'époque de ce dernier (1866), l'empereur vint pour la seconde fois en Afrique; il y rendit un décret organisant les municipalités et plaçant la colonie sous le régime civil, avec un député et un sénateur par province. L'amiral Guyedon, le général Chanzy, MM. Albert Grévy et Tirman furent les derniers gouverneurs civils.

Tel est l'aperçu très sommaire d'une conquête remarquable par la position qu'elle a faite à la France dans la première moitié du xixe siècle. L'histoire, qui ne peut enregistrer tous les noms de ses glorieux soldats, conservera ceux des illustres capitaines mêlés à cette lutte héroïque, tout en rendant justice à ces vaillants princes, qui, au lendemain de notre guerre d'invasion, surent encore, par l'épée de l'un de leurs fils, le chevaleresque duc de Chartes, ajouter à l'œuvre de civilisation si heureusement entreprise par son aïeul, le roi Louis-Philippe, et contribuèrent puissamment à rétablir au profit de l'Europe une colonisation suspendue depuis plus de quatorze siècles.

## XVI

Ouverture du Congrès. — M. Albert Grévy. — Alger. — La Ville Neuve. — La Ville Arabe. — Le guide Rabah. — La Kasbah. — Le Préfet d'Alger, M. Firbach. — Grande Fête chez le Gouverneur.

Il n'est pas aisé de se caser ici, quand on ne tient pas absolument à profiter de la couchette que la ville a gracieusement mise à notre disposition, au lycée et à la caserne, les hôtels regorgeant de monde.

Quant à moi, je suis assez bien partagé, et les rats circulant toute la nuit dans ma chambre de l'hôtel du.... se sont contentés, en fait de dégâts, de manger les pattes d'un bien joli animal, dont je désirais conserver la dépouille. Du reste, je n'ai pas lieu de me plaindre; je paye ma chambre 4 francs par jour, les insectes compris, mais non les repas.

A trois heures précises, des salves d'artillerie annoncent à la ville l'ouverture de notre session. Cette séance d'inauguration a lieu avec une très grande solennité dans la salle du théâtre.

Le président, M. Chauveau, prononce un long discours d'ouverture. En abusant un peu moins du virus, nul doute que l'orateur n'eût séduit davantage son auditoire, et surtout les très nombreuses femmes invitées pour la cérémonie. M. Albert Grévy, gouverneur général de l'Algérie, se lève à son tour et, dans quelques paroles de circonstance, répond à l'éminent praticien; puis, après nous être constitués en assemblée générale, pour un vote d'urgence, nous nous réunissons dans les salles de sections organisées au Lycée, afin de former les bureaux et de fixer l'ordre du jour de demain.

Il ne m'appartient pas de développer les questions traitées dans le Congrès. La session de 1881 comptera, je le pense, parmi les plus fécondes en découvertes et applications de nature à répondre à notre programme:

### AVANCEMENT DES SCIENCES.

Analyser les mémoires ou détailler les communications serait anticiper sur le domaine de la propriété privée, et je ne saurais ravir à chaque savant la primeur d'une publicité dont lui seul doit récolter les premiers fruits. Il faut aussi laisser l'honneur du compte rendu à notre recueil périodique, sur lequel je n'ai aucune intention d'empiéter. Le lecteur, du reste, daignerait-il bien s'intéresser aux questions abstraites: invariants arithmétiques; formes quadratiques; courbures des solides de révolution; courbes anallagmatiques; équivalents de réfraction; coefficients d'induction; aberration de réfrangibilité; phénylpropanes isomériques: période ischémique; laparotomie; cystorrhaphie, etc.; il est permis d'en douter.

Une simple énumération des sections suffira pour donner une idée de l'étendue de nos travaux.

Les mathématiques occupent le premier rang avec deux sections: n° 1 et 2; le génie civil et la navigation, deux sections n° 3 et 4; la physique, une: n° 5: la chimie, une : n° 6 ; la météorologie, une : n° 7 ; la géologie, une ; n° 8 ; la botanique, une : n° 9 ; la zoologie et la zootechnie, une : n° 10 l'anthropologie, une : n° 11 ; les sciences médicales, une : n° 12 ; l'agronomie, une : n° 13 ; la géographie une : n° 14 ; l'économie politique, une : n° 15 ; et la pédagogie, qui a été votée sans discussion à la séance d'ouverture, une : n° 16.

A chacune de ces sections, plusieurs mémoires d'un grand intérêt ont été présentés par des hommes occupant, dans la science, le rang le plus élevé, et nous attendons tous, avec une vive impatience, je puis le dire, ce recueil où seront consignées les dernières découvertes dues au zèle infatigable de nos très savants collègues.

Pendant l'intervalle des séances, ayant eu le loisir de visiter la ville et ses environs, j'ai pu prendre quelques notes ; je les transcris comme elles se présentent.

Alger, de même que toutes les grandes cités du littoral de l'Afrique française, offre ce curieux contraste de deux villes superposées, élevées en amphithéâtre ; la plus ancienne occupant le sommet, la ville neuve construite au bord de la mer.

Là se trouvent les bâtiments affectés aux différents services maritimes : douanes, magasins, entrepôts, etc., édifiés sur de larges quais ; puis de longues rues parallèles aux quais : celles de Constantine, d'Isly, de la Lyre, Bab-el-Oued, Bab-Azoun, ces dernières bordées de galeries à arcades, semblables à celles de la rue de Rivoli, à Paris. La place du Gouvernement décorée de la statue équestre du duc d'Orléans, œuvre magistrale de Marochetti, celle de Chartres, du lycée, le square du Théâtre, planté de lignes de palmiers, des églises, des palais, des mosquées, des synagogues, somptueux édifices taillés dans le marbre, l'albâtre ou la pierre; des maisons à toitures ou à terrasses, les unes surmontées d'étages, les autres faites en forme de cubes, comme un dé à jouer; de riches boutiques, de beaux hôtels, des restaurants, des cafés, des divans, des marchés, des boulevards.

Voilà la ville neuve d'Alger.

Une population d'Européens et d'Orientaux se croise en tous sens dans ces rues encombrées de tramways, de voitures de place, d'omnibus remplis de touristes, ou de membres du Congrès visitant les curiosités.

Des cavaliers enlèvent au grand trot ces petits chevaux Arabes, aux nazeaux dilatés, aux oreilles dressées, si souples, si gracieux avec leurs jambes effilées, leur épaisse crinière, leur queue traînant jusqu'à terre.

Plus modestes dans leurs allures, des ânes en longues files portent des couffins remplis de briques, de sable, de chaux, harcelés par un farouche indigène qui les excite sans cesse, en les frappant d'un bâton aiguisé en pointe; des mulets ployent sous de lourdes charges de bois; d'autres circulent avec des grappes de volailles ou des provisions de toutes sortes; puis des crieurs de journaux à la voix enrouée, des portefaix, des marchands ambulants, des colonnes de soldats avec musique en tête, des marins de tous pays, des groupes de nègres, à moitié vêtus, couchés pêle-mêle autour des fontaines, ou couvant avec des yeux de convoitise les brochettes fumantes des rôtisseurs en plein vent.

De petits biskris, semblables à ceux que j'ai rencontrés à Oran, sillonnent la chaussée, vous poursuivant avec persistance, jusqu'à ce que, fatigué, énervé de leurs obsessions, vous vous retiriez sous les arcades, où des séries de fauteuils monumentaux adossés aux piliers sont disposés pour vous recevoir. Vous vous plongez dans le fauteuil, et le biskri se précipite à vos pieds pour cirer vos chaussures.

Ci : 10 centimes.

A peine installé sur l'estrade, car il y a estrade comme sous un trône, second biskri vous glissant sournoisement dans la main un journal (c'est, en général, celui que vous n'aimez pas à lire).

Ci : 20 centimes.

Vos bottes sont cirées, vous croyez avoir terminé, vous allez partir; mais un troisième biskri arrive et vous brosse des pieds à la tête.

Ci : 30 centimes.

Car c'est la principale industrie de cette ville : distribuer la poussière et la faire enlever.

A mesure que ces rusés indigènes ont accompli leur mission, ils se placent l'un derrière l'autre, en attendant la fin; alors, la petite fête est complète. Un peu plus loin le manège recommence, et ainsi de suite toute la journée.

Certes, je ne croyais pas être venu en Afrique pour y passer mon temps à faire cirer mes chaussures; enfin, il faut en prendre son parti. Me voilà bien propre, je vais présenter mes lettres de recommandation : je hèle une voiture et me dirige vers les quartiers les plus excentriques; je ne trouve personne, chacun passant sa vie au dehors.

Je reviens sur la place et, près de l'imprimerie Jourdan, dont la cheminée haute fume jour et nuit, à l'angle de l'hôtel d'Orient, je rencontre un arabe, Rabah, connaissant à fond plusieurs langues, et tous les bons endroits; il me faut un guide pour visiter la ville haute : naturellement, j'accepte ses services. J'ai toujours eu beaucoup de considération pour les interprètes, car je me souviens de ces belles paroles de Charles-Quint:

« *Autant de langues un homme sait, autant de fois il est homme !*

Après plusieurs stations aux cafés maures sous prétexte de bienvenue :

Ci : 10 centimes $+$ 10 centimes $\times\ x$ (car le café coûte invariablement 10 centimes dans tous les établissements musulmans de l'Algérie), nous nous mettons en route.

La ville arabe est, sans contredit, plus intéressante à parcourir que les quartiers européens : elle est à peu près unique au monde, tandis que la ville moderne peut se rencontrer un peu partout, mais il serait absolument impossible de s'en tirer sans un indigène.

Que l'on se figure un dédale de petites ruelles étroites, tortueuses, grimpant comme des échelles de pavés, enchevêtrées l'une dans l'autre, aboutissant à des impasses, ou se terminant à une porte, à une terrasse; deux personnes passent difficilement de front, et je suis souvent obligé de me cramponner à Rabah pour ne pas glisser aux descentes.

Des noms aussi étranges que fantaisistes viennent ajouter une note gaie à ce chaos plein de couleur locale. Voici les rues *du Chameau, du Sphynx, des Sarrasins, de la Gazelle;* celles *de Tombouctou, d'Annibal, du Scorpion, du Nil, de l'Hydre, du Palmier, de Juba, des Numides, du Diable, de la Girafe*. Les plus larges n'ont pas deux mètres.

Sur les côtés de la voie, des maisons blanchies à la chaux profilent leurs hautes murailles dépourvues de fenêtres, et chaque étage surplombant celui du dessous, les deux derniers finissent souvent par se toucher d'un coté à l'autre de la chaussée, en se soutenant mutuellement. Il résulte d'une telle disposition que plusieurs rues sont voûtées en tunnel et complètement sombres ; d'autres sont éclairées par la reflet de la lumière du jour sur les habitations voisines.

Cette manière de construire, adoptée par les Maures pour échapper aux rayons du soleil d'Afrique et paralyser les effets des tremblements de terre, donne à ce réseau de ruelles, enlacées comme un filet, une physionomie impossible à dépeindre et une originalité dont je n'ai trouvé de vestiges nulle part. Des boutiques basses, obscures, où les pratiques attendent à la file le coup de rasoir du barbier ; d'autres avec Nègres et M'zabis vêtus d'étoffes aux couleurs voyantes, encadrant leurs têtes dans une fenêtre surbaissée, décorée de quartiers de moutons ou de sangliers ; des étalages de fruits, de légumes ou de poterie occupent les carrefours ou garnissent les abords de quelque marché. Les Arabes s'y réunissent, accroupis sur le sol, laissant souvent à peine la place nécessaire pour circuler.

Une quantité de rues escarpées relient la ville arabe aux quartiers modernes, remplaçant les anciens bazars où les ouvriers de différents corps de métier travaillaient en commun, pour livrer aux acheteurs les mille produits de leurs industries.

Ici, la ruelle des cordonniers : les hommes assis sur des tapis cousent les chaussures en s'aidant des doigts de pied, entre lesquels ils passent le fil ; plus loin, celle des passementiers, enveloppant dans une nasse de fils d'or et d'argent les boutons destinés aux costumes des Mauresques ; celle des brodeurs sur étoffes et sur cuirs ; des orfèvres ; des tourneurs de bracelets ou anneaux en cuivre et en corne ; des fabricants d'étagères aux couleurs criardes, ou d'instruments de musique : flûtes, tambourins, guitares en calebasses ou en carapaces de tortues; ressemeleurs de babouches; forgerons battant le fer sur des enclumes primitives, ciseleurs de heurtoirs, de clous, de ferrures artistiques, d'appliques pour les portes massives; tailleurs d'habillements entourés de précieux tissus aux teintes les plus chatoyantes; enfin, toutes les industries les plus diverses, tous les métiers sont représentés dans ces échoppes où travaillent des centaines d'ouvriers, venus des points les plus opposés de l'Orient, la plupart logés, non pas à l'année, mais à *la lune*, et payant de 2 à 25 piastres par *lune* (10 à 125 fr. pour 28 jours).

Quand, après bien des détours, on est parvenu au faîte de la montagne, sur laquelle est construite la vieille ville, on découvre la Casbah, ancienne forteresse des deys, si célèbre par la fâcheuse aventure qui eut lieu le 25 avril 1828 et amena la prise d'Alger et la déchéance d'Hussein-ben-Hassen. Aujourd'hui, elle est traversée par la route d'El Biar, et les bâtiments du fort sont convertis en caserne.

De ce point culminant, on jouit d'un splendide panorama, car la Casbah domine non seulement la cité tout entière, mais encore la campagne, les côtes et la mer qu'elle commande sur une grande étendue.

Le retour dans la ville présente un contraste frappant. Autant Alger *la Blanche* est saisissante par son attitude calme et reposée, car ici, pas de bruit, point de voitures roulant avec fracas, nul Européen disputant ou criard mêlé à cette foule muette; autant la ville neuve frémit sans cesse sous l'étreinte d'une agitation dont nos centres les plus populeux peuvent seuls donner la mesure.

Elle présente à l'étranger l'image de ces torrents aux flots tumultueux, roulant sous leur écume les débris de toute nature arrachés à leurs rives.

C'est la civilisation qui passe.

L'on fait ici les rencontres les plus étranges, les plus imprévues. On se croirait en plein boulevard.

— Vous voici, jeune Firbach, qu'êtes-vous devenu depuis que vous m'avez servi de secrétaire, quand j'organisais, en août dernier, notre belle exposition artistique et rétrospective à Evreux! Et monsieur votre père, est-il remis du fameux coup de sirocco qui salua son navire pendant sa traversée de France? Il doit être rudement constitué, votre nouveau préfet, s'il s'est maintenu dans ses aplombs, pendant que tout le monde était malade à bord; c'est un heureux pronostic, et, après avoir résisté à pareil assaut, les tempêtes administratives vont lui sembler brise légère.

— Bonjour, M. Collignon! Combien je vous suis reconnaissant d'avoir donné un congé à mon fils pour aller chercher sa sœur à Savone. Il travaille encore plus, paraît-il, aux Ponts et Chaussées qu'à l'Ecole Polytechnique; surtout, n'allez pas me le renvoyer *X.... stérique.*

— Vous ici! Cotelle. Et le conseil d'Etat?

— Et vous, M. Buisson, comment la Société libre se passe-t-elle de vous?

Voilà Henri Martin, de Quatrefages, Trélat, Teisserenc de Bort, Gobin, Topinard, Mouchez, Laisant, et cent autres, sans oublier nos zélés administrateurs, toujours si dévoués: MM. Gariel et Drouauld. Tout Paris défile sous nos yeux; Alger s'est transformée en quartier de la capitale.

Puis elle s'est parée, pour nous recevoir, de ses habits de fête; drapeaux, oriflammes, bannières, concerts, illuminations des rues, des mosquées, des édifices publics; fête à l'hôtel-de-ville, fête au théâtre où la Municipalité nous souhaite la bienvenue, retraite aux flambeaux, pavoisement des navires, fête à Mustapha-Supérieur, résidence d'été du gouverneur général.

Ici, on se croirait à une scène des *Mille et une nuits*, et jamais réception officielle ne m'a paru plus féerique. Je ne parlerai pas du palais : chacun connaît la magnificence de cet édifice d'un style mauresque savamment approprié à sa destination.

Je ne décrirai pas les effets de ces innombrables foyers, inondant de lumière les escaliers superposés, les salles entrecoupées de boudoirs; les galeries supportées par des colonnes de marbre; je ne dépeindrai pas ces jardins enchanteurs où les feux électriques de diverses nuances, habilement dissimulés sous le feuillage, éclairent de lueurs fantastiques une foule aux costumes les plus variés; robes à longue traîne, fracs, uniformes militaires, burnous, refluant des différents étages et confondant dans le même ensemble tout ce que la colonie réunit de notabilités civiles et militaires, tout ce qu'elle renferme de plus distingué parmi les chefs ralliés à notre cause; en un mot, la fusion de l'Occident et de l'Orient.

Ces sortes de fêtes se voient mais ne se racontent pas; et quand, la tête alourdie par les senteurs embaumées des salons et les mélodieux accents des orchestres conduisant les danses, je me retirai à une heure avancée, je revis, longtemps encore, mille gracieuses silhouettes tourbillonner dans l'air, puis s'évanouir et disparaître noyées dans le néant.

C'était le rêve.

Il se faisait tard quand je quittai ma chambre le lendemain, et les diverses sections du Congrès avaient commencé depuis longtemps leurs travaux.

La science ne connaît pas toujours le plaisir.

*Dura lex sed lex.*

## XVII

La Rue du Sphynx. — Les Aïssaouas d'Alger. —
M. Brongniard. — Les Charmeurs marocains. —
La Danse des serpents. — Le Céraste cornu.

La secte des Aïssaouas consacre, comme les Mauresques, un jour particulier de la semaine à l'exercice de ses pratiques religieuses, et les étrangers doivent se renseigner à l'avance, s'ils ne veulent courir le risque de manquer ces diverses cérémonies. Cependant, grâce à l'obligeance du maire d'Alger, j'ai pu obtenir une séance extraordinaire pour les membres du Congrès, à qui le fait a été immédiatement communiqué par la voie de notre presse.

Dès neuf heures du soir, nous escaladons en foule les ruelles escarpées de la ville arabe, accompagnés par plusieurs guides interprètes. Des nuées d'indigènes, accourus au bruit de notre expédition nocturne, se rangent avec respect pour nous laisser passer. A les voir, immobiles le long des murailles, drapés fièrement dans leurs burnous blancs, on dirait une armée de grands fantômes.

Nous nous arrêtons à une maison de la rue du *Sphynx*; évidemment, pour le plus grand nombre, c'était une *énigme*.

En un instant, la cour de l'habitation maure se trouve remplie de monde, et, lorsque le commissaire donne le signal aux musiciens, il reste à peine aux Aïssaouas, la place nécessaire pour se mouvoir.

La séance commence par la danse, avec agitation frénétique et mouvements désordonnés de la tête d'avant en arrière; puis, lorsque l'entraînement de ces sectaires est arrivé à son comble, on apporte des fers rougis à blanc, qu'ils se passent sous la plante des pieds, dans la paume de la main et sur la langue. Cette expérience n'était pas concluante; le contact d'un fer chauffé à ce degré, chacun peut s'en convaincre, ne cause pas de brûlure au simple toucher; il faut pour attaquer les chairs, la température inférieure du brun obscur.

Aux fers rouges, succèdent des fragments de verre qu'ils se distribuent et avalent sans sourciller, après les avoir broyés avec rage entre leurs dents.

Ils se couchent à plat, ventre nu, sur un sabre au tranchant aiguisé, et plusieurs hommes soulèvent l'arme sur laquelle le patient presse de tout son poids.

On fait ensuite circuler deux plateaux. Sur l'un, sont déposées de larges feuilles de cactus raquette, vulgairement appelé figuier de Barbarie (*opuntia f. indica*); sur l'autre, des scorpions vivants, qui, excités par l'éclat des lumières, se mettent sur la défensive en présentant leurs pinces et dardant en tous sens leur aiguillon venimeux.

Aussitôt l'un des hommes saisit un scorpion et, poussant des cris sauvages, le porte à sa bouche et le déchire à belles dents; un autre mord à même la feuille épineuse et la dévore gloutonnement sans souci des redoutables piquants dont la plante est armée; un troisième se perce la figure avec une de ces longues aiguilles employées pour emballer les sacs de marchandises : les joues, le nez, le cou, la langue même sont traversés de part en part, et pas une goutte de sang ne s'échappe des plaies, preuve certaine de l'état cataleptique des Aïssaouas.

Les femmes présentes étaient bouleversées, les médecins prenaient des notes, les savants chuchotaient. Nous étions tous au comble de la surprise, et nous allions nous retirer sous le coup d'une émotion bien naturelle, quand un incident vint troubler la séance, jetant dans l'esprit des spectateurs un doute fâcheux, je dirai presque un soupçon de jonglerie.

Un des malheureux sort d'un coffret une vipère; après l'avoir excitée, il la saisit par le corps, et, avec une dextérité extrême, l'introduit dans sa bouche, par la tête, puis, la retirant après quelques instants, la renferme vivement dans la boîte, afin de la soustraire à nos regards.

A ce mouvement, je me lève précipitamment; mon collègue Brongniard, assis près de moi, en fait autant, et nous crions à la fois :

— La vipère! la vipère! nous voulons toucher la vipère.

— Tu ne l'auras pas, me répond le musicien, dépositaire du serpent.

— Tu es un imposteur, si tu refuses de la montrer.

Grand tumulte dans la salle.

— Oui, oui, Pulligny a raison, la vipère! montrez lui la vipère, puisqu'il veut la voir.

Et l'Arabe, impassible, reprenait sa guitare dont il pinçait de plus belle, faisant signe à ses compagnons de continuer sur les tambourins pour étouffer nos cris.

Cependant, Brongniard s'était penché vers moi et me disait tout bas :

— Cette vipère est évidemment une couleuvre ; si je puis arriver à la voir un seul instant, je serai fixé, car les couleuvres ont de larges écailles sur la tête, tandis que les vipères n'en ont pas.

— Je le sais, mais que faire ?

— Attendez donc, et le commissaire !

— Oui, le commissaire, voilà la clef qui ouvre le coffret.

— Monsieur le commissaire, voulez-vous bien prier ces indigènes de nous montrer le serpent ?

— Messieurs, je regrette de ne pouvoir vous être agréable, vous comprendrez ma réserve, il y aurait danger pour vous.

— Ne craignez rien, nous en faisons notre affaire.

— Non, messieurs, je suis ici pour protéger vos précieuses existences.

— Mais enfin, M. Brongniard est attaché au Museum de Paris, tous les jours il manie des reptiles.

Ce brave homme n'en voulut pas démordre, il avait sa consigne.

Tout à coup, au momnnt où nous nous y attendions le moins, l'Arabe, empourpré de colère, ouvre le coffre et prend le reptile, nous le lance à la figure, et le ressaisit avec une telle rapidité que nous restons complètement abasourdis, et n'ayant absolument rien observé.

A la vue de cette scène, tout le monde se retire en désordre, et nous restons, cherchant, mais inutilement, à nous expliquer avec l'Arabe.

Que conclure de tout cela ? Y a-t-il eu supercherie, oui ou non ? Je ne le pense pas ; la malencontreuse expérience de la fin ne saurait, en aucune façon, détruire une conviction basée sur des faits positifs incontestables.

J'ai assisté à deux séances d'Aïssaouas et je puis certifier l'authenticité de phénomènes résultant d'un état pathologique qu'il n'est pas permis de mettre en doute un seul instant. En jouant ainsi du reptile, ces individus ont pensé exalter leur prestige à nos yeux; ils n'avaient point besoin de cela.

Le serpent figure dans toutes les théogonies primitives; les peuples de l'antiquité ont tous adopté ce symbole emprunté à la religion des Juifs.

Le serpent était sacré en Egypte et dans l'Inde; à Rome, en Grèce, on lui éleva des temples; son culte exista dans tout le Nord, en Afrique, en Asie et jusqu'aux confins de l'Amérique où l'on retrouve son image aux anciens *adoratorios* de Colombie, comme sur les vieux monuments du Mexique.

En exhibant les reptiles, les Aïssaouas n'ont fait qu'exploiter, au profit de leur secte, un mythe passé chez les Arabes à l'état de tradition.

Quant à la substitution comme étiquette de la vipère à la couleuvre, elle était absolument inutile. Pour la masse ignorante et crédule, une couleuvre était un simulacre suffisant; pour les membres du Congrès, c'était un appoint superflu.

J'ai eu occasion de voir, depuis cette séance, de véritables charmeurs de serpents; voici dans quelle circonstance.

Je passais dernièrement sur une place écartée, lorsque mon attention fut attirée par un groupe nombreux d'indigènes faisant cercle autour d'individus accroupis sur une natte. C'était une tribu marocaine dont les tentes se dressaient aux environs.

Pour amasser la foule, ils tiraient des sons discordants de longues flûtes, faites de roseaux décorés de dessins variés. Le chef, après une incantation prolongée, à laquelle répondent les musiciens, ouvre un sac mystérieux et en sort trois serpents qu'il dépose sur le sol. Aussitôt, les reptiles s'élancent dans toutes les directions, au grand effroi des assistants; mais, après cette première réclame, le personnage les saisit adroitement et les réunit au centre de la place. Je crus distinguer deux couleuvres et une vipère cornue, le *céraste*, espèce des plus dangereuses.

Cléopâtre fut mordue au sein par un *céraste cornu* caché dans un panier de figues de Barbarie, et depuis cette époque bien des chameliers ont payé de leur vie le funeste usage de marcher pieds nus dans certaines parties du désert. C'est ainsi que, dans l'Inde, le nombre annuel des victimes du *cobra capello* dépasse dix-huit mille.

Au commandement du charmeur, et peut-être sous l'influence de la musique, les serpents commencèrent à accomplir toutes sortes d'exercices, s'élançant et se couchant, se dressant puis se roulant sur eux-mêmes, et rampant finalement vers un cercle tracé par terre dont ils ne s'écartèrent plus.

Ici, comme chez les Aïssaouas, je cherchai à interpeller ces hommes afin de me renseigner sur les reptiles.

La vipère devait être désarmée; je désirais m'en convaincre.

Un Arabe me comprit à souhait et voulut bien me servir d'interprète.

Le chef marocain, saisissant alors le serpent par la nuque, me le présenta d'une main et, de l'autre ouvrant sa gueule, me mit à même de vérifier l'existence de deux crochets venimeux parfaitement intacts.

A ce moment, je n'étais plus serré par la foule, on avait fait le vide autour de moi; je pus, tout à mon aise, sortir de leurs alvéoles, avec la pointe de mon poignard, ces dents recourbées et très aiguës.

J'ignore le secret du charmeur et, sans chercher à l'approfondir, je donne le fait pour ce qu'il est, et tel que je le trouve consigné dans mes notes.

## XVIII

Fêtes en l'honneur du Congrès. — Danses mauresques. — Les almées. — Les you-you. — Danses arabes et sahariennes.

Aujourd'hui, autre spectacle, car l'administration locale se met chaque jour en quête de nouveaux divertissements pour nous rendre le séjour d'Alger plus agréable.

Au centre de l'exposition des produits de la colonie, on a élevé une large estrade, entourée de gradins, sur laquelle nous prenons place ainsi qu'un grand nombre d'invités. Après quelques minutes d'attente, l'agitation et le bruit toujours croissant nous annoncent l'arrivée d'un cortège.

En tête : M. le commissaire (le *Deus ex machinâ*), car en Algérie, comme chez Guignol, il n'y a pas de fête indigène sans ce fonctionnaire. On tient les Arabes en tutelle, il leur faut un curateur. Il avance, majestueux, tout brodé des pieds à la tête. A sa suite, une troupe de musiciens arabes drapés dans les plus beaux costumes et jouant de tous leurs instruments; puis une cinquantaine d'almées et gavazées (chanteuses et danseuses) couvertes de riches vêtements; elles ont toutes la tête voilée par le haïk; leur démarche annonce des femmes jeunes. Lorsque tout ce monde a pris place sur l'estrade et s'est accroupi sur les nattes, trois Mauresques se lèvent et s'avancent vers nous; elles vont commencer une danse de caractère.

Au moment où elles se découvrent le visage, un murmure flatteur circule dans l'assemblée. Elles sont, en effet, remarquablement belles, et la distinction de leur costume ajoute encore à l'élégance de leur taille et à la parfaite régularité de leurs traits.

Elles portent le *djebadoly*, sorte de caftan recouvert de la *r'lilâ*, tunique de soie brodée d'or. Une large pièce en soie rayée, appelée *fouta*, est nouée à la hauteur des hanches et retombe jusqu'à terre; puis une ceinture d'or et des babouches de velours complètent ce costume d'une richesse inouïe.

La gracieuse *chachia* placée sur le sommet de la tête laisse échapper des flots de cheveux noirs de jais sur lesquels brille un diadème d'or.

A chaque pas de ces superbes femmes, les you-you redoublés de leurs compagnes font vibrer l'air de leurs notes aiguës. Peu à peu les almées s'excitent, elles s'enivrent de leur propre succès. Le poême d'amour qu'elles ont mimé d'abord sur un rythme posé s'accentue à mesure qu'il approche de son dénouement; la passion devient du délire. De provoquants coups de mouchoir voilent et découvrent tour à tour leurs beaux yeux noirs; une sorte de frémissement agite convulsivement leurs hanches où toute l'action se concentre, et leur corps entier s'anime d'un tel souffle de volupté que les Françaises pudiques se cachent la tête entre les mains; quant aux Anglaises, elles quittent précipitamment leurs places et se dérobent dans la foule; les hommes applaudissent avec frénésie.

Cependant la musique a cessé ses bruyants accords;

les danseuses ont regagné les nattes, et le commissaire se promène sur l'estrade, allant de l'une à l'autre, distribuant des compliments, en un mot nuisant, par l'effet de son frac européen au milieu de tous ces costumes, à ce ravissant tableau de mœurs orientales sur lequel il produit, sans le vouloir, une tâche fâcheuse. Chez tous les peuples civilisés, un directeur reste caché dans la coulisse; pourquoi ici l'obliger à parader sur la scène ?

Après une pause de quelques instants, d'autres danseuses remplacent les Mauresques: elles sont Arabes, de la tribu des Oulad-Naïls, ayant quitté leurs *dacheras* de Bou-Sada et des Ziban pour prendre part à la fête indigène.

Grandes et belles comme les Mauresques, elles ont une teinte cuivrée, contrastant avec la peau blanche et fine de celles-ci.

De magnifiques yeux, brillant sous d'épais sourcils réunis par une ligne noire de tatouage, donnent à leur physionomie un caractère étrange; de grosses nattes disposées sur les côtés de la tête en augmentent le volume dans une proportion bizarre; et le diadème, relié par d'énormes boucles d'oreilles au collier de séquins et de perles suspendu à leur cou, enchâsse la figure comme dans un cercle d'or. Des *m'saïs*, bracelets en argent massif, ornent les bras ainsi que les jambes au-dessus des chevilles; l'attitude a quelque chose de sauvage et d'indompté, qui révèle la femme du désert. La danse des Oulad-Naïls, aussi expressive que celle des Mauresques, est également mimée sur un thème passionné et s'engage d'une façon discrète, pleine de grâce et de réserve.

Tout d'abord la femme arabe semble découvrir à regret son visage pâle; la présence des hommes paraît l'intimider. Peu à peu, elle s'enhardit et se risque à écouter, avec une feinte pudeur, le langage d'un invisible séducteur. Surprise, hésitante, elle lutte quelque temps, se rapproche, écoute encore, puis s'éloigne, cherchant dans une fuite simulée à éviter un entretien après lequel elle soupire avec ardeur.

Bientôt l'almée se sent atteinte au cœur et y porte vivement la main; elle est blessée et chancelle, mais se relève aussitôt frémissante; et dans un pas empreint d'un sentiment exquis, elle résume les diverses phases de ce combat, dont le dénouement la pousse au dernier paroxisme de la passion aveugle. Alors, haletante, épuisée, à bout de forces, elle étend les mains en avant et tombe entre les bras de ses compagnes voilées.

De nouveaux et plus chaleureux you-you, soutenus par les accents précipités d'une musique en délire, la plongent dans les délices d'un succès qui l'enivre.

De grandes et belles négresses viennent à leur tour exécuter les danses du Soudan; des Arabes leur succèdent et terminent le spectacle dont nous emportons tous le souvenir le plus agréable; en effet, nous n'avons en Europe aucune idée de ces divertissements, et il est à craindre que le progrès, sans cesse croissant, n'enlève à l'Afrique française tous ces charmants tableaux des mœurs de l'Orient; aussi nous réclamons de l'autorité locale la liberté dans l'exercice des anciennes cérémonies indigènes, tant qu'elles ne deviendront pas un prétexte à conspirations.

Nous appelons également la bienveillante protection de l'édilité sur ces usages tendant tous les jours à disparaître, parce que l'on est trop souvent disposé à les tourner en ridicule faute d'en comprendre la poésie. Nous en dirons autant pour les vieux monuments condamnés à la suppression, sacrifiés à de futiles alignements; pour les costumes, déjà honteusement abandonnés par la classe la plus riche de la population juive ; en un mot, pour tout ce qui touche à l'histoire, à l'archéologie, à la science et à l'art.

Espérons que notre appel sera entendu.

## XIX

Cavalcade. — Combats de taureaux. — Courses de chevaux. — Military. — Grande fantasia des goums.

Une cavalcade, des combats de taureaux, une fantasia arabe, précédés de courses de chevaux et d'un brillant *military* exécuté par les officiers de l'armée française, terminent la série des fêtes offertes si gracieusement par la ville d'Alger à l'occasion du Congrès scientifique de l'année 1881. J'ai peu de choses à dire de la cavalcade ; organisée dans le but de réjouissances publiques et de bienfaisance, elle a réalisé son programme, grâce au concours actif et dévoué de la population et de l'armée.

De nombreux chars allégoriques, conduits à grandes guides par les soldats, et formés des propres prolonges de l'artillerie, étaient décorés avec goût et servaient de théâtres à des scènes burlesques, quelques-unes du plus haut comique. On remarquait entre autres l'épisode de la sécheresse, triste actualité, rendue divertissante par l'entrain des personnages ; puis des officiers, portant à la main de longues perches surmontées de corbeilles, recueillaient les offrandes aux étages supérieurs : d'autres tendaient, en travers de la rue, des draps sur lesquels les curieux faisaient pleuvoir la menue monnaie, des sonneries de fanfares, des piqueurs, des cavaliers travestis, des orchestres indigènes attiraient aux fenêtres et sur les chaussées une foule compacte qui nous donnait, à son insu, une occasion unique d'observer les types de ces races si diverses cantonnées dans les différents quartiers de la ville.

Quant au combat de taureaux, c'était, je le pense, une nouveauté à Alger; toutefois la précipitation apportée aux préparatifs avait nui à la mise en scène que comporte une pareil spectacle.

Lorsque je pénétrai dans l'arène, le spectacle n'était pas commencé et je pus considérer à l'aise le public, assis sur les gradins, et dans lequel je crus reconnaître beaucoup d'Espagnols, des Maltais, des indigènes en petit nombre et peu de Français; cet examen, du reste, était facile, car toutes les galeries se déroulaient sous le ciel bleu, et l'on avait omis de réserver quelques *gradas cubiertas* ( loges couvertes) aux étrangers peu accoutumés aux premières atteintes du soleil d'Afrique.

Bientôt une fanfare, exécutée par des musiciens civils, annonce l'entrée de la *cuadrilla*, troupe brillante, formée des *picadores*, des *chulos*, des *banderilleros*, commandée par un chef : la *espada*. Les *picadores* sont vêtus d'un costume très pittoresque, composé d'une veste de velours, agrémentée de passementeries, de franges, de broderies d'or, d'un pantalon de peau de buffle avec ceinture de soie et d'un *sombrero* sous lequel on aperçoit la bourse reliant les cheveux sur le derrière de la tête.

Bien qu'ils ne soient pas montés, ils portent à la main la *garocha*, longue lance destinée à maintenir la bête à distance. Les *chulos*, coiffés gracieusement de la *montera*, ont la culotte courte de satin, des bas couleur de chair, la veste et la ceinture d'étoffes variées. Sur leur bras s'étale le grand manteau écarlate, principal objectif du taureau quand il entre en frénésie. Viennent ensuite les *banderilleros* avec des vêtements semblables, dont les couleurs seules diffèrent, et le *matador*, portant d'une main l'épée, et de l'autre la *muleta*, sorte de drapeau confectionné en soie rouge.

Aussitôt la porte du *toril* ouverte, on voit s'élancer dans l'arène un superbe taureau, encore jeune, d'une teinte sombre, avec un fanon énorme, un front puissant surmonté de cornes aiguës, un corps trapu, quoique bien découplé, une longue queue, dont l'agitation saccadée semble indiquer les degrés croissants d'une sourde colère.

Quelques instants, il frappe la terre du pied : la tête baissée, l'œil menaçant, les naseaux largement ouverts, il se dispose au combat. Son premier choc doit être terrible; toute la troupe rangée contre les barrières le considère avec anxiété, ne perdant pas de vue un seul de ses mouvements. Il reste quelque temps indécis, puis, soudain, se redresse, fait entendre un mugissement sourd, et fond comme un trait sur un des *chulos* qui agite devant lui sa *capa*.

Celui-ci esquive très adroitement le coup, et court vers une des murailles de refuge où le taureau le poursuit; sentant sa rage impuissante, il se retourne vivement et s'élance sur un second *chulo*.

Les *picadores* font alors une heureuse diversion, et la bête, prenant le change, leur donne une chasse si vive que, pendant un moment, l'arène se couvre d'un nuage de poussière.

L'animal, déconcerté par toutes ses vaines attaques, regagne piteusement sa *querencia*, endroit choisi par lui pour en faire son gîte.

Mais il ne doit s'y reposer longtemps, car les *toreros* l'excitent sans cesse; l'un d'eux surtout se distingue par sa courageuse attitude, provoquant le taureau, se plantant carrément devant sa lourde tête et bravant son regard farouche; il trouve enfin le moment propice et, se ruant sur lui d'un bon prodigieux, enfonce dans ses épaules deux *banderillos* qu'il tient de chaque main, et dont la hampe garnie de découpures en papier retombe le long de l'énorme cou de la bête.

Celle-ci secoue, mais en vain, les javelots dont le fer barbelé a pénétré profondément dans les chairs; deux filets de sang zèbrent son poil et tachent le sol de larges gouttes, aussi, entre-t-elle dans une nouvelle colère; les *capas* s'agitent; les hommes crient, excitent le taureau le qualifiant des termes les plus injurieux et réussissent à lui planter de nouveaux dards. Il se fatiguait sensiblement et on allait le remplacer, quand un *chulo*, plus téméraire, parvient à le coiffer de son manteau, aux applaudissements de la foule; toutefois, son triomphe n'est pas de longue durée; l'animal furieux lance l'étoffe en l'air, la piétine avec rage, puis fond soudain sur le malheureux avec un tel élan qu'il l'accule brutalement contre la palissade. Les Espagnols crient à tue-tête : *bravo, bravo, toro!* Moi, je croyais l'homme perdu, quand, à ma grande surprise, je le vis reparaître sain et sauf, quoique fort pâle, de l'autre côté de la muraille.

Le combat dura ainsi plusieurs heures, mais perdant beaucoup de son charme, car il n'y avait pas de dénouement.

La *espáda* (première épée) était un personnage muet, placé là pour parade, puisqu'on ne tuait pas la bête; quant aux *picadores*, ils faisaient de leur mieux pour remplir leur rôle à pied. J'ai supposé que, dans le but d'éviter l'effusion du sang, l'administration n'avait pas autorisé l'exhibition des chevaux.

Les hommes, d'une tenue parfaitement correcte, étaient de l'Andalousie. Les taureaux, fort remarquables, provenaient des prairies de l'Escurial; d'un caractère sauvage, ils étaient animés d'une véritable *furia*; l'un d'eux même, d'une nature plus fougueuse, poursuivit un *chulo* avec une rapidité telle, que celui-ci, ayant enjambé lestement les *tablas*, le taureau franchit la barrière derrière lui, au grand effroi des spectateurs de ces places privilégiées, dont on le fit sortir à grand peine.

Un seul se déroba d'une piteuse manière, s'acculant sans cesse, il se refusait absolument à donner la *cogida*, (l'attaque). Le peuple le huait, l'invectivait de la façon la plus verte et hurlait sur tous les tons : *A los perros! el cobarde, à los perros!* Aux chiens, le lâche ! Mais ici, il n'y avait pas, comme en Espagne, de ces superbes chiens destinés à combattre un animal sur lequel on a épuisé tous les moyens d'excitation, et jusqu'à ces terribles engins de feu (*banderillas de fuego*), javelots munis d'artifices auxquels bien peu de bêtes peuvent résister. On fit avancer dans l'arène deux pacifiques vaches qu'il suivit tranquillement, heureux de pouvoir se soustraire ainsi aux sarcasmes de la foule.

A ce moment, la course de chevaux, qui se donnait à la même heure, était dans tout son éclat, et, comme la piste s'étendait sur le champ de manœuvres, hippodrome de Mustapha, contre lequel les arènes étaient adossées, je pus, en montant aux dernières places de l'amphithéâtre, jouir du panorama complet de la lutte.

Beaucoup de chevaux étaient engagés, et les cavaliers pleins d'entrain et de brio se disputaient les prix assez nombreux : prix de l'agriculture, des sociétaires, des banques, de la ville d'Alger, du Crédit lyonnais, puis le grand prix du gouverneur général, et pour terminer deux *military* (course de haies), avec chevaux d'armes, l'un pour les officiers, l'autre pour les sous-officiers.

Mais la grande attraction de la journée était la course des *goums* : la *fantasia*, à laquelle on avait convié les chefs d'une quantité de tribus des plus belliqueuses.

Il y avait là trois cents Arabes, appartenant par leur naissance à la plus ancienne et la plus haute aristocratie, tous vêtus de riches costumes : longues bottes plissées de cuir rouge armées d'éperons semblables à des lames de poignards, culottes flottantes, caftans de couleurs éclatantes, brodés de soie, ou lamés d'or, haïks roulés en écharpe et burnous au vent; les uns, coiffés du capuchon fixé à la tête par le *knitt*, les autres de turbans de toutes formes ou de vastes chapeaux, artistement tressés et empanachés de plumes d'autruche. A leur cou et sur leur poitrine, brillaient les insignes de commandeurs et d'officiers de la Légion d'honneur, car ils avaient vaillamment combattu pour la France.

Ils montaient des chevaux de pur sang, superbement harnachés, avec selles à dossiers de velours violet, bleu, vert, brodées de délicates arabesques; mors et étriers damasquinés; riches caparaçons, rehaussés d'une profusion d'ornements en acier poli, en cuivre, en argent, en or massif, et terminés sur le poitrail par le sachet précieux où est cousue la généalogie du coursier, accompagné du *hamsah* (main protectrice) et de colliers d'amulettes.

La robe de ces magnifiques bêtes variait du blanc de neige au noir d'ébène, en passant par une infinité de tons intermédiaires absolument inconnus en Europe; elles rappelaient, sous leurs housses de soie cramoisie, de damas broché ou de brocard d'or, les splendides mises en scène de nos tournois du moyen âge, copiées sur les joûtes de l'Orient au retour des croisades.

Tout d'abord, les brillants cavaliers, formés en colonnes profondes, défilèrent par tribus avec drapeau au centre, dans l'ordre le plus parfait.

Après quelques savantes manœuvres simulant une attaque, les *goums* accélèrent leur allure, puis, enlevant leurs chevaux, partent tout-à-coup à fond de train, exécutant des charges furieuses ou s'arrêtant subitement; retournant en arrière ou reprenant leur course; faisant voler dans l'air, puis resaisissant leurs longs fusils, incrustés de nacre, brillant au soleil comme des pierres précieuses; chargeant ou déchargeant leurs armes au triple galop.

Couchés sur leurs selles, ou debout sur les étriers, serrés en file ou isolés, disparaissant dans un nuage de poussière puis revenant à bride abattue; merveilleux de tenue et de souplesse, ils excitent notre admiration et provoquent des tonnerres d'applaudissements dans les tribunes où sont réunis les hauts fonctionnaires de toutes armes, les notabilités de la ville et de la province, des femmes en toilettes élégantes, les membres du congrès, les touristes, en un mot, cette société d'élite que nous avions eu le plaisir de rencontrer dans les salons du gouverneur.

Ce spectacle, unique en son genre, se prolongea jusqu'à la nuit, et bien longtemps après la fin de la fantasia, l'on entendait encore, dans les rues de la ville, de nombreuses détonations, car les Arabes, enivrés par l'odeur de la poudre, ne pouvaient se résigner à terminer cette fête.

Pendant la soirée, dans les cafés et sur les places, on parlait beaucoup des épisodes de la journée. Les étrangers surtout, qui n'avaient pas, comme les vieux Algériens, assisté aux fantasias de triomphe de 4,000 cavaliers de grandes tentes, offertes par les maréchaux Bugeaud ou Randon à d'illustres hôtes, étaient ravis d'un spectacle aussi nouveau pour eux; toutefois, ils s'entretenaient avec vivacité de la froideur avec laquelle la foule, groupée le long de la piste, avait accueilli les différentes phases de la belle fantasia.

Cette attitude, contrastant avec l'enthousiasme des tribunes, leur semblait inexplicable. Ils ignoraient que le peuple de l'Algérie, de provenance européenne, est animé vis-à-vis des indigènes d'une antipathie profonde, heureux, quand l'occasion s'en présente, de manifester sa haine invétérée, ou du moins ses répulsions natives.

Or, cette brillante prise d'armes n'était pas de nature à rassurer ces populations timorées, impressionnables, habituées à voir sans cesse dans l'Arabe un ennemi prêt à prendre sa revanche. Ici l'Européen traite l'indigène en vassal; s'il lui parle, il le fait en affectant le mépris.

Est-ce bien la manière de s'assimiler une race dont les tendances sont déjà si contraires à nos institutions? Faut-il exalter encore ses principes d'indépendance en la tenant constamment à distance et en évitant son contact?

Lorsque l'Algérie était régie par les deys, elle subissait le joug et les exactions de la milice turque; mais il existait entre les deux peuples une similitude de croyances, et, sur ce terrain, ils étaient du moins unis et d'accord; aujourd'hui, rien de semblable, l'animosité entre chrétiens et musulmans est invincible, et ne fait-on pas tout pour l'entretenir? On ne respecte ni coutumes, ni cérémonies, ni religion même; on se moque de l'Arabe; dernièrement encore, à la suite des affaires de Figuig, ne fut-il pas convenu que nous rendrions le corps d'un marabout illustre enlevé à une mosquée célèbre dans toute la contrée ? Or, que trouva-t-on dans le cercueil, à l'arrivée ? Le corps d'une chèvre substitué à celui du saint personnage ! Cela pourrait être drôle en France, mais c'est fort triste en Algérie. . . . . . .

Est-ce donc, nous le répétons, en traitant ce peuple avec mépris, avec dureté, en foulant aux pieds ses institutions les plus chères, en lui faisant trop sentir notre incontestable supériorité, que nous parviendrons à nous l'attacher ?

Pour moi, je ne le crois pas. Il semblerait plus humain et plus rationnel de chercher, dans la bienveillance et de sages réformes, les moyens de nous concilier la sympathie des Arabes ; on hâterait ainsi notre œuvre de colonisation, contrairement au dernier terme de cette phrase du maréchal Bugeaud :

« Coloniser l'Algérie est une œuvre de géants et de siècles. »

Il est vrai que le général, pendant son long séjour en Afrique, avait eu tout le loisir de méditer ce vieux proverbe arabe, bien juste dans sa trivialité :

« *Faites cuire dans la même chaudière un Arabe et un Roumy* (Français), *il en sortira toujours deux bouillons distincts!* »

## XX

Les sacrifices de poules à Séba-Aïoum. — Les repas funéraires. — Bou-Kobrin. — Le Hamma, jardin d'acclimatation. — M. Rivière. — Les autruches. — M. Bombonnel. — Une lionnerie. — Les fosses à lions d'Aïn-Hazen. — Le réveil du lion.

Sur la route de Bab-el-Oued à Saint-Eugène, au-dessous de l'ancienne Koubba de Sidi-Yacoub, en un endroit nommé Séba-Aïoum (les Sept-Fontaines), existe une plage déserte entourée de quelques rochers ; là, tous les mercredis, on rencontre dans la matinée des groupes de femmes voilées suivies de serviteurs chargés de poules.

Je m'étais fait conduire de bonne heure à la Koubba ; ayant renvoyé ma voiture, je me cachai derrière une grosse roche d'où je pouvais tout voir, et voici ce que j'observai. Les femmes descendirent mystérieusement au bord de la mer et se prosternèrent devant un prêtre qui leur imposa trois frois, de gauche à droite, les mains sur la tête, tandis qu'une négresse allumait un fourneau sur lequel elle jetait quelques grains d'encens. A mesure qu'une Mauresque se présentait, elle se découvrait le visage, et, trempant la main dans un vase rempli d'eau sanctifiée, recueillie à l'une des Sept-

Fontaines, se lavait discrètement toutes les parties du corps; puis, la négresse prononçait avec une volubilité extrême des prières ou des souhaits sur la tête de la femme blanche inclinée sur le réchaud pour s'imprégner des vapeurs de l'encens.

A ce moment, on brûla un petit cierge; il y en avait de rouges, de bleus, de jaunes, de verts, selon la couleur du génie invoqué, et le prêtre saisissant les poules par les pattes, les fit tourner trois fois au-dessus du réchaud afin de les purifier; alors le sacrificateur égorgea les poulets et les lança à mesure sur le sable de la plage.

Si la bête agonisante se traînait en battant des ailes jusque dans l'eau de la mer, le vœu était exaucé; si, au contraire, elle restait inanimée sur le lieu du sacrifice, l'augure n'était pas favorable, et la Mauresque devait revenir ou implorer quelque autre génie plus propice.

Bien peu de poules, je dois l'avouer, restèrent sur place, et presque toutes atteignirent la mer en voletant; j'en ai conclu que les Mauresques avaient généreusement payé.

Les Français ont donné à Séba-Aïoum le nom de « *La Consolation* ».

A trois kilomètres plus loin, en continuant la route, entre le cap Caxine et la pointe Pescade, se trouvent des grottes préhistoriques très intéressantes par une quantité de silex et d'ossements des périodes quaternaires.

Une autre cérémonie, tout aussi curieuse que celle des Sept-Fontaines, a lieu près de la Koubba (chapelle), où sont renfermées les reliques de Bou-Kobrin (les Deux-Tombes).

Ce saint personnage, originaire d'Alger, s'était rendu en Kabylie peu de temps avant sa mort et y fut inhumé. Or, ses disciples ayant rapporté sa dépouille à la Koubba au grand mécontentement des Kabyles, on fut fort surpris de retrouver un jour le même corps dans chacune des deux tombes; un miracle l'avait dédoublé.

Sous le mur d'enceinte de la maison de l'Oukil, gardien du marabout, s'étend un cimetière arabe dont les tombes sont faites de trois pierres, une dressée à chaque extrémité de la dalle funéraire.

Par un sentiment plein de poésie, on y a réservé deux cavités destinées à abreuver de l'eau du ciel les petits oiseaux, touchant usage emprunté aux Abencérages et si bien raconté par notre illustre et regretté Chateaubriand.

Tous les vendredis, les femmes maures y viennent en pélerinage, et, après avoir fait leurs dévotions sur les tombes de leurs maris, elles s'installent à l'ombre des oliviers et des lentisques pour célébrer, par des repas, la mémoire de leurs chers défunts.

Cette coutume, qui remonte à la plus haute antiquité, se retrouve jusque dans l'extrême Orient. Devant les tombes circulaires élevées par les Chinois à leurs familles, sont disposés des gradins destinés à recevoir les mets funéraires. Ces agapes, il est vrai, ne sont pas consommées par les parents, comme chez les Maures, mais enlevées la nuit par les nombreux indigents, sur qui cette manne, à destination d'outre-tombe, produit un effet des plus salutaires.

Quant aux lettres, souhaits et placets glissés entre les plats, à l'intention des Génies, les pauvres ont soin de les laisser sur place, afin de ne pas se compromettre.

A l'occasion des repas funéraires, les Mauresques ont le droit de se découvrir le visage en public, aussi les abords du cimetière sont-ils très-fréquentés pendant toute la durée de la cérémonie.

Plus loin et sur la route d'Alger à Hussein-Dey est le Hamma, jardin d'essai. J'eus beaucoup de peine à faire entendre à mon cocher que je ne venais pas ici en promenade, mais bien pour étudier les plantations; il n'en voulait pas démordre et se fâchait tout rouge quand je cherchais à descendre.

Commencé en 1832, le Hamma est jardin d'acclimatation depuis quinze ans, à peine, et déjà l'on peut constater les services immenses que cette utile fondation, dirigée par le très érudit M. Ch. Rivière, est appelée à rendre à un pays dont tout l'avenir est dans le reboisement. Il n'y a pas à se le dissimuler, si notre colonie est affligée périodiquement d'effroyables sécheresses, on le doit, sans aucun doute, au déboisement des montagnes où les Arabes, par calcul ou par imprudence, brûlent constamment les forêts séculaires, sans souci des perturbations résultant d'un tel système.

De tous côtés, des arbres d'une beauté merveilleuse, de grandes allées de palmiers, de platanes, de magnolias, d'autres de bambous du Japon, de lataniers de l'île Bourbon; des Strelitzias, des Jubœas, des Cycas, des Bombax offrent à nos regards surpris tout ce que les flores de l'Afrique, de l'Asie et de l'Australie renferment de végétaux rares ou peu connus.

Ici, le *ficus religiosa* couvre d'un profond ombrage une foule de plantes créées pour les dessous de bois; là, le *musa sineusis*, le *paradisiaca*, le *cavendishii* vont bientôt, grâce à un abri tutélaire et à une intelligente culture, apprendre à mûrir leurs précieux régimes, où pendront les délicieuses bananes. Le *chamœrops excelsa*, des vallées froides de la Chine, élève son tronc majestueux chargé de ces belles feuilles appelées, dans un avenir prochain, à remplacer celles du stérile palmier-nain.

L'eucalyptus a la croissance assez rapide pour atteindre, en dix ans, un mètre et demi de tour, étend ses rameaux salutaires, véritables fébrifuges destinés à assainir les contrées infectées de typhus; puis des arbres propres à la construction, au charronnage, à l'ébénisterie : les cèdres, les pins d'Alep, les thuyas; les chênes zeen, liége, coccifera, yeuse; le frêne austral; les bois de teinture, le grenadier, le sumac, le caroubier; les arbres à fruits, les oliviers greffés sur ces sauvageons, si communs dans toute l'Algérie; les orangers, rapportant annuellement plus de 2,000 francs par hectare nets de tous frais; le néflier du Japon, le goyavier, la vigne et, en général, tous les fruits cultivés en Europe.

Enfin, les plantes industrielles, textiles ou autres, dont les espèces indigènes sont perfectionnées, les exotiques acclimatées; le tabac, le coton, le chanvre qui produit le hachich; le china-grass (*boehmeria*), l'halfah (*macrochloa tenacissima*), exporté chaque année par les Anglais à des milliers de tonnes, pour les fabrications les plus diverses; le diss (*arundo festucoïdes*), le henné (*lawsonia inermis*), si usité par les femmes pour se teindre les ongles, les doigts, les mains, la paume des pieds, et jusqu'aux lèvres et aux gencives; l'asphodèle, l'opium, le séné et une multitude de fleurs propres à la parfumerie, à la pharmacie, ainsi qu'aux usages les plus variés.

Un lac charmant décore ce joli parc, laissant flotter sur ses eaux transparentes les fleurs roses et lilas du nénuphar du Gange, mêlées aux tiges gracieuses du lotus, du papyrus d'Egypte ou aux larges feuilles du nélombo de l'Inde.

Tel est, en résumé, l'ordonnance de ce beau jardin de l'Hamma, dont on ne peut se lasser d'admirer les cultures; il y a encore l'oasis, le parc des autruches où ces oiseaux, élevés en domesticité, forment aujourd'hui de véritables troupeaux. C'est un joli capital, car l'autruche mâle porte à chaque aile vingt belles plumes, qui se vendent annuellement, de cinq à dix francs la pièce, et la femelle pond, en moyenne, soixante œufs d'une valeur de 25 francs la paire..... Mais, voici que mon cocher m'appelle; il n'y tient plus : maintenant, il veut relayer son cheval fatigué..... de se reposer à m'attendre.

Pauvre cheval! Pauvre homme!

Vilain homme plutôt! au diable va!.....

### Monsieur Bombonnel.

Depuis trois jours, je cours après Bombonnel sans réussir à le joindre. Ce matin, je l'ai pris au saut du lit : surprise très agréable pour moi, puisqu'elle m'a permis de constater la vigueur des attaches musculaires, chose qui ne se voit généralement pas sous le vêtement.

Voici le résultat de ma visite : Homme très affable, taille médiocre, barbe grisonnante, visage énergique; un œil légèrement glissé hors de l'orbite, dans la direction de l'oreille, accident survenu, je l'ai dit, à la suite d'un coup de griffe de panthère.

Je lui fis part de mes intentions; malheureusement mon temps était trop limité, lui-même n'était pas disponible à brève échéance, car il avait promis à un certain baron allemand de l'accompagner, et, cette seule excursion, demandait au moins huit à dix jours, bien que la lune fut en ce moment propice. Je lui parlai de Gérard, l'audacieux spahis qui, en onze ans de séjour en Afrique, détruisit tant de lions et fut surnommé par les Arabes le *terrible Franc*; puis de Chassaing; enfin, et surtout de lui, le célèbre *tueur de panthères*. Il parut flatté de mes appréciations.

Il est bien intéressant, Bombonnel, quand il raconte ses chasses. Il me refroidit un peu, il est vrai, en m'expliquant la rareté, toujours croissante, des lions et de tous les grands fauves ; mais, d'autre part, il m'allèche par l'espoir d'une création tout originale : il a l'intention de fonder une *lionnerie*. C'est une idée comme une autre ; il faut des distractions pour tous les goûts, et, certes, tout chasseur sérieux, éprouvera toujours plus de plaisir, plus d'émotions, à tirer une bête qui attaque, qu'un pauvre lapin qui se sauve.

Donc : au centre de la forêt de Bouïra, ou de toute autre, dont il achète ou loue la concession, il fait construire un petit cottage, avec chambres confortables, cuisines, caves, etc... ; puis il établit à quelque distance, plusieurs affûts, cachés dans les endroits les plus fourrés ; il y en aura de deux sortes, selon le courage des chasseurs : les uns, solidement bâtis en pierre, avec meurtrières et crénaux ; les autres, simplement confectionnés en broussailles.

Ce travail préliminaire achevé, il se procure une quantité de bêtes défectueuses ou hors d'âge et de service : bœufs, chevaux, mulets, moutons, chèvres ; il les parque le jour sur tous les points de la forêt et les fait renfermer la nuit ; toutefois, il en abandonne quelqu'une en liberté dans le voisinage de chaque affût. La chèvre ou le mouton dévoré, on est sûr de la réussite ; la bête féroce reviendra, et, à la prochaine lune, il sera possible d'aller à l'affût avec certitude.

La chasse est montée par actions de deux mille francs. Un seul de ces titres, plus la pension au petit château, donneront droit à tirer : lions, panthères, hyènes, lynx, onces ; cependant, une clause prohibitive est de nature à faire réfléchir les gens qui ont la vue un peu faible.

*Trois mille francs* d'amende, lorsqu'on tuera une lionne..... et ce sera bien fait !.....

Tel est le plan de Bombonnel.

Trois femmes sont déjà inscrites, ainsi que quelques hommes intrépides ; pour moi, je souhaite toutes les chances possibles de réussite à cette spéculation d'un nouveau genre.

Comme je sortais de chez l'intrépide tueur de panthères, je fis, par un singulier à propos, la rencontre de quelques collègues, de retour d'une excursion dans le sud du Tell, où ils avaient visité, entre autres curiosités, les *fosses à lions* situées à Aïn-Hazen, aux environs d'Aumale.

Voici ce qu'ils m'ont raconté :

Au milieu d'une grande enceinte elliptique, formée d'une haie impénétrable, on a construit un gourbi, demeure de l'Arabe chargé des pièges. Dans la partie la plus resserrée de l'enceinte, la haie, moitié moins haute, est adossée à deux fosses profondes, établies une de chaque côté, et recouvertes d'un plancher à bascule.

Sitôt la nuit venue, le gardien rentre avec son troupeau. Le lion évente au loin le bétail ; il s'approche, tourne quelque temps avec méfiance, puis, tout à coup, d'un bond franchit l'enceinte et se rue sur une bête qu'il emporte précipitamment. En vain, il veut reprendre sa route, la proie trop pesante affaiblit son élan ; il cherche alors un autre passage, trouve la brèche, la franchit aisément et tombe lourdement dans le piège.

Après plusieurs jours pendant lesquels on le laisse privé de nourriture, le lion, complètement abattu, est saisi par un lasso et retiré de la fosse.

Une fin, si imprévue, par surprise et trahison, comme celle de tant de héros célèbres, ne semble-t-elle pas un outrage au roi des animaux et une insigne lâcheté de l'homme ?

Nos grands aïeux, les princes assyriens, donnaient un plus noble exemple à leurs peuples; ils bravaient le monstre superbe en plein jour, dans un cirque immense, devant la nation assemblée, fière de l'impassible courage et de l'adresse de leur roi soldat, combattant le lion avec les armes les plus primitives; duel solennel entre l'homme, maître du monde par son esprit, et la plus terrible des créatures.....

Deux majestés en lutte; deux forces: celle de l'âme et celle de l'organisme, de la matière !

On conçoit quelle école de valeur était ce royal tournoi !...

Il répugne donc profondément de voir prendre au piège, comme un vulgaire animal, un lion, voleur même, car son caractère, emblème de la noblesse, de l'élévation, révèle d'étonnantes qualités de cœur vraiment touchantes.

Qui ne sait l'histoire d'Androclès, pauvre esclave épargné par le lion d'Afrique reconnaissant, celle de la lionne de Florence et tant d'autres saisissantes d'intérêt et de sentiment ?

Nous avons encore présent à l'esprit le souvenir de ce lionceau qui émut tout Paris par sa fidélité et son attachement à son maître. Cadeau du général Yusuf à la fille du célèbre Chaix d'Est-Ange, il suivait l'enfant comme un chien fidèle, léchant la main qui le nourrissait, ravissant par sa docilité les amis nombreux du prince de la parole.

Mais il est dit que les plus innocentes distractions doivent susciter les envieux. Quelques voisins, prétextant d'un danger imaginaire, obtinrent contre la pauvre bête un jugement que l'avocat ne put conjurer malgré toute sa science. Condamnée à la prison, la majesté léonine fut transportée à la ménagerie royale qui avait remplacé celle si fameuse des jardins de l'hôtel Saint-Paul, et déclina si promptement que le directeur, philosophe observateur comme les vrais savants, fut attendri de ce spectacle et fit prévenir la jeune et vaillante parisienne de la mort probable et prochaine de son protégé.

Scène extraordinaire, on vit alors une nouvelle Cymodocée en face du carnassier formidable, mais qui, sans colère et sans agonie, mourut à ses pieds en lui jetant un doux et dernier regard de reconnaissance.

. . . . . . . . . . . . . . . . . . . . . . . .

Encore quelques années, et les grands fauves disparaîtront de l'Atlas, comme ils ont été anéantis en Syrie. Les forces brutales s'évanouissent devant le sceptre de la civilisation en marche.

Cependant, s'il faut en croire les Arabes, il y aurait encore des lions et des panthères en plusieurs localités : à Palestro, dans l'Aurès, près de Bathna, de Bougie, de Delhys et au sein des vastes forêts qui enveloppent Jemmapes et Philippeville; d'après le capitaine Sergent, l'ours de Numidie aurait même reparu depuis peu dans ces parages.

La nuit, vers onze heures, au moment où le chacal glapit, on entend, soudain, un rugissement terrible : c'est le réveil du lion !.....

A ce bruit, tout se tait, tout tremble ; et, tandis que la forêt répète au loin les échos de ce cri redoutable, dans la plaine, les chevaux affolés brisent leurs entraves, les troupeaux effondrent les enceintes ; et les animaux sauvages cherchent un refuge au plus profond des bois. . . . . . . . . . . . . . . . .

Aurai-je la bonne fortune d'entendre, une fois, le rugissement du lion..... dans son propre royaume !.....

## XXI

Excursion au Khour-er-Roumia, mausolée des rois de Mauritanie. — El-Afroun. — Le lac Halloulah. — Le Sahel. — Chasse au porc-épic. — Une nuit dans le Tombeau de la Chrétienne. — M. O'Mac-Carthy. — Montebello. — Forêt de Sidi-Sliman. — Marengo. — Tipaza. — Le maire M. Trémaux. — Antiquités romaines.

Il est cinq heures du matin lorsque nous montons en chemin de fer, dans un train spécialement formé pour nous. Vingt et un chevaux occupent les écuries roulantes, et sept grands omnibus sont hissés sur des trucs. A l'intérieur, nous sommes quatre-vingts, tous nantis du bagage obligatoire : deux assiettes, cuiller et fourchette, serviette, verre, couteau, une bougie et des allumettes, les châles, couvertures ou manteaux en plus, bien entendu.

Après avoir passé la Maison-Carrée, Bouffarick, Blidah et Mouzaiaville que nous saluons de loin, nous arrivons à El-Afroun, distant de 72 kilomètres d'Alger. A cette station, décorée de drapeaux et de fleurs, nous abandonnons la voie, et, trouvant sur la route une longue table avec joli déjeuner au café, apprêté sur dépêche, nous nous y installons sans façons, laissant ainsi aux hommes d'équipe le temps de descendre chevaux et diligences.

Bientôt, nous roulons en pleine Mitidja, et, quittant le territoire des Arabes Hadjoutes, nous atteignons le lac Halloulah, actuellement desséché, non sans avoir causé la mort de bien des colons obstinés à cultiver ces terres nouvellement conquises, d'une fécondité extraordinaire mais absolument insalubres.

Les voitures s'arrêtent : nous allons arriver au pied de la montagne couronnée par le *Monument de la Chrétienne*.

Aussitôt, conduits par les guides, nous nous mettons en campagne, escaladant les premières rampes à travers les touffes de palmiers et de lentisques, masses d'un vert sombre, cachant les fissures des grosses roches noires.

Quelques-uns d'entre nous coupent des cannes de fenouil, à la mode des Arabes qui portent ces tiges sur l'épaule, après en avoir allumé la moëlle. Ce feu, prétendent-ils, provient de l'enfer où il fut dérobé par leurs aïeux : c'est un rappel de Prométhée ; d'autres sortent le baromètre de son étui, ce sont les physiciens. Ils notent la pression atmosphérique et observent la température ; quand ils seront au sommet, ils répèteront l'expérience et obtiendront, avec la formule usitée et son correctif obligatoire (t t'), la hauteur exacte de la montagne. Les géologues ont le marteau d'acier avec lequel ils interrogent les pierres du sentier. Les météorologistes font mouvoir avec rapidité autour de leur bras, un thermomètre-fronde à minima, fixé à l'extrémité d'une longue corde, puis ils consultent l'hygromètre et prennent note. Les chimistes effleurent de la langue certaines roches d'un aspect douteux. Les agronomes entassent les terres dans leurs poches. Les anthropologistes arrêtent les indigènes au passage pour leur palper le crâne. Les zoologistes et les collectionneurs d'insectes recueillent des espèces berbériques, expliquant leur analogie avec celles de la faune d'Espagne. Une invasion subite *d'oniscus murarius* (cloporte), en plein jour et sur une longue étendue de la route, est l'objet de nos préoccupations; il s'en suit même une grave discussion sur le *crustacé isopode*. Quant aux botanistes, ils portent à l'épaule la traditionnelle boîte de fer-blanc, couleur vert-pomme, avec laquelle nous avons tous herborisé plus ou moins dans notre jeunesse.

Pleins d'entrain, ils chantent, en plaisantant, de candides couplets :

> Le botaniste, ou jeune, ou vieux,
> Est toujours gai, toujours joyeux ;
> De soucis, il ne connaît guère,
> Et si quelque chose il préfère,
> C'est pour sûr l'étui de Flore,
> A la boîte de Pandore.

On rit, on bavarde, on s'amuse, et l'on fait de la science, beaucoup de science, mais on se fatigue aussi, car la montagne est haute, le sentier escarpé, et plus on avance, plus il y a de retardataires. Cependant, je tiens bon, et, après une heure et demie de cette terrible ascension, j'arrive, exténué, rompu, enfin, j'arrive et je ne suis pas le dernier.

Quel beau spectacle! D'un côté, la mer et ses immensités ; de l'autre, une suite de montagnes et de vallées ; des prairies mouchetées de points bleus et rouges, belles-de-jour et coquelicots ; à nos pieds, le monument de la Chrétienne dominant tout, surpassant même les pics élevés du Sahel.

Ce tombeau, mausolée des rois de Mauritanie, a la forme d'un vaste polygone surmonté d'une pyramide conique, en pierres de taille appareillées, avec retrait à chaque assise, formant escalier sur tout le périmètre. Il a trente-deux mètres de hauteur et cent quatre-vingt-cinq de circonférence à sa base ; le soubassement, carré, a soixante-trois mètres de développement sur chacune de ses faces et est entouré d'un fossé.

Le moment de visiter l'édifice n'est pas arrivé, car, sur l'un des côtés appelé *plateau des dernières heures*, on a dressé le déjeuner, et une rangée imposante de quatre-vingts pâtés nous invite à nous mettre à table ; aussi, oubliant nos fatigues, nous nous alignons dans le fossé, faisant face au soubassement ; les Arabes commencent le service....... circulant sur la table, singulier procédé, mais tout naturel, puisque nous sommes assis par terre. Chacun de nous exhibe couvert et assiettes, et commence un exercice d'autant plus motivé que la course a été plus rude.

Le repas durait encore, quelques-uns même songeaient secrètement à une petite sieste bien opportune, quand le savant M. O'Mac-Carthy vint nous rappeler à l'ordre et nous conduisit au monument.

C'était le chef de l'exploration ; nous le suivîmes.

Le mausolée, appelé en arabe Khour-er-Roumia, doit à ce dernier mot le nom erroné de *Tombeau de la Chrétienne*. Il fut construit, dit-on, vers l'an 23 de notre ère, pour servir de sépulture aux rois résidant à Cherchell, l'ancienne Cœsarea, capitale de la Mauritanie césarienne, et reçut les dépouilles de Juba II et de sa fille, la princesse Cléopâtre Sénélé.

Lorsqu'il fut fouillé d'après les ordres de l'Empereur, en 1865, par M. O'Mac-Carthy, collaborateur de M. Berbrugger, on découvrit à l'intérieur deux caveaux vides, situés à l'extrémité d'une galerie circulaire, de cent soixante-dix mètres de développement, c'est-à-dire plus longue que celle de la grande pyramide d'Egypte; elle était fermée par une dalle-porte, glissant dans des coulisses de pierre, et destinée à masquer le passage secret.

Un signe du maître fait rouler sur ses gonds une lourde porte de fer, clôture récente, dont le gardien du tombeau conserve la clef, et nous pénétrons dans un premier vestibule.

Après y avoir allumé nos bougies, nous nous traînons sur les genoux par un étroit couloir, aboutissant au caveau des lions, ainsi nommé de deux figures, lion et lionne, sculptées en relief au-dessus de l'entrée; puis un escalier de sept marches nous mène à la galerie circulaire, large de deux mètres et voûtée de plein cintre; elle a juste la hauteur nécessaire pour permettre de s'y tenir debout.

Nous marchons longtemps sur le dallage de pierre, faisant résonner les voûtes du bruit insolite de nos pas, et nous arrivons aux deux chambres royales, l'une de trois mètres, sur un mètre cinquante, l'autre de quatre sur trois. Celle-ci est située au centre même de l'édifice. Ce n'est pas sans une certaine émotion que nous contemplons ce caveau, noyé dans une muraille de pierres de taille de trente mètres d'épaisseur dans tous les sens! véritable chef-d'œuvre de l'art punique, bien que le dehors du mausolée soit décoré jusqu'à douze mètres d'élévation d'une colonnade circulaire romaine avec chapiteaux et entablement d'ordre dorique; à part cette superfétation, le monument présente une grande analogie avec les pyramides de Sakkarah, dans la Basse-Egypte, antérieures même à celles de Djizeh.

Le mélange de ces deux styles, carthaginois et

romain, n'aurait rien de surprenant s'il était permis de supposer, avec notre érudit cicerone, qu'Auguste, ayant conclu le mariage de Juba II, ait pu imposer au roi de Mauritanie des architectes romains, pour la décoration extérieure de son mausolée; mais on a reconnu d'autre part que toutes les pierres du revêtement extérieur étaient marquées pour l'appareillage en lettres romaines et que celles de l'intérieur étaient gravées de caractères berbères ou puniques; il est donc évident que l'édifice, bien antérieur à Juba, fut construit par les Carthaginois; peut-être destiné à servir de nécropole à quelque héros, puis, après la conquête et la destruction de la rivale de Rome, dénaturé et rhabillé à la romaine pour y installer la dépouille de Juba, roi transfuge, élevé par César et marié par lui à la fille de sa Cléopâtre.

Le style de cette royale tombe, ainsi rajeunie par l'ennemi, est bien celui des mausolées d'Auguste et d'Adrien, image saisissante de la fragilité des puissances humaines. Ces grands et illustres souverains de races conquérantes n'ont pas même possédé leurs tombes à jamais : celle d'Adrien est devenue une forteresse de la papauté, et celle des rois de Mauritanie, ouverte et déblayée par les chrétiens (1866), est l'image de la féconde Afrique elle-même rendue à la liberté et à la civilisation.

Chose fort triste, les Arabes, dans le but de se procurer du plomb, ont, pendant des siècles, dégradé le monument, arrachant un à un les énormes blocs reliés entre eux par des clés de bois d'olivier, taillées en *queue d'hironde* et scellées à bain de métal. On n'évalue pas à moins de 250,000 kilogrammes la masse de plomb employé à ce travail cyclopéen, et il n'était que temps d'arrêter les indigènes dans l'exploitation de cette mine devenue pour eux une source inépuisable. Aussi, nous ne saurions assez remercier M. O'Mac-Carthy d'avoir sauvé cet édifice, en le prenant sous son patronage, et nous faisons des vœux sincères pour que le gouvernement lui envoye les fonds nécessaires à la réédification de tous les blocs actuellement déplacés ou dispersés sur le sol.

Il est à regretter que les investigations faites sur divers points de cette masse, vraiment colossale, n'aient pas amené la découverte d'autres chambres funéraires, et j'eusse été heureux de profiter de l'offre gracieuse de M. O'Mac-Carthy pour pratiquer quelques sondages dans certaines directions, qui, à mon sens, n'ont pas été suffisamment explorées, mais, le temps me presse, il me faudrait retourner à Alger afin de forger les sondes comme je les comprends ; ce sera, pour le moment je l'espère, une partie remise.

Cependant, la nuit est venue et les Arabes commencent à disposer notre campement sous la tente ; l'on s'occupe également des apprêts du dîner.

Quant à moi, partagé entre mes goûts archéologiques et cynégétiques (pardon de ces mots un peu barbares), je marche à la découverte sur les flancs de la montagne, car j'ai cru observer certaines traces de porc-épics, rongeurs nocturnes, vivant le jour dans des terriers profonds, inaccessibles sous les épais fourrés ; leur chasse, très difficile, consiste le plus souvent à enfumer les terriers au soufre, et quelquefois à les inonder à l'aide d'une source que l'on détourne. Plus j'avance, plus les coulées se multiplient ; de nombreux piquants de ces animaux sont même restés accrochés aux buissons. Je laisse donc mes collègues aux charmes du festin champêtre, et, prenant le fusil, je vais faire quelques heures d'affût.

A mon retour, chacun avait regagné la tente, plusieurs dormaient profondément, malgré le bruit assourdissant des Arabes d'un gourbi voisin, qui nous donnaient une fête à leur façon, une sérénade sur de primitifs instruments : la derbouka et la flûte de roseau à l'expression nasillarde; rappelant le *grognement* de la cornemuse (sauf mon respect pour les Celtes.)

En vain, je cherchai à fermer l'œil, le froid, très vif à cette altitude, pénétrait sous la tente; il fallait songer à un autre gîte. Une idée lumineuse me traverse l'esprit, je la communique et elle est accueillie avec enthousiasme. En un clin d'œil, nous nous levons tous, et tandis que les uns vont réveiller le gardien pour qu'il ouvre la porte de fer du mausolée, d'autres allument les bougies et ramassent de la paille; puis, chacun en ayant pris un paquet sous le bras pour lui servir d'oreiller, nous nous glissons à plat ventre dans le caveau des lions, et descendant à la galerie circulaire, nous nous y installons, sans souci des scorpions ni des scolopendres dont notre présence allait ainsi contrarier les nocturnes ébats.

Cette nuit, passée dans le tombeau de Juba II et de la reine Cléopâtre, nous a tous pénétrés d'un sentiment indéfinissable; toutefois, malgré la solennité du lieu, de facétieux voisins ne craignent pas de s'aborder au réveil par ces mots d'une parodie célèbre :

> Quoi, c'est toi! C'est moi!
> Quoi, c'est moi! C'est toi!

La plaisanterie était peut-être un peu risquée, mais enfin il y avait de l'à-propos, et pendant quelques minutes, les voûtes du mausolée répétèrent les échos de la danse des nonnes, dans la scène des tombeaux de Robert-le-Diable.

O Meyerbeer, où étais-tu?. . . . . . . . .

A ce moment, le soleil se levait derrière les cîmes du Sahel, dissipant les teintes vaporeuses de la montagne.

Autour de nous, des Arabes couchés en plein air surgissent des rochers ou de dessous les broussailles. Ils vont faire leur première ablution, et comme les fontaines manquent ici, ils se frottent le visage..... avec une pierre.

On commence à lever le campement et à emballer les provisions, et ce n'est pas un mince travail, car il a fallu douze bœufs et deux mulets pour monter au sommet de la colline les dix-huit cents litres de liquide, vin et eau, les deux cents kilos de pain et toutes les victuailles de nos deux repas. Quant au rôti, on a tué un bœuf sur les dalles mêmes du tombeau, et de nombreux chiens mangent les restes de l'animal et ceux de notre table. Les chiens pullulent en Afrique, comme en Orient, par suite de la croyance des Musulmans dans la métempsycose. Ils ont toutes les franchises communales..., ils vivent partout en communistes; quel pieux fils voudrait et oserait refuser quelque chose à son aïeul bien aimé, et vivant encore sous une forme nouvelle! . . . . . . . . . . .

Nous partons enfin, descendant la montagne à travers les pistachiers, les lentisques, les romarins, jetant de loin en loin un regard au mausolée encore si monstrueux malgré les dégradations et les pillages réitérés des Vandales, des Arabes, des Turcs et de tant d'autres, qu'un Français, M. P. Jourdan, a pu faire un livre entier sur la flore seule de l'édifice.

Nous rejoignons nos diligences au bas de la route, et, traversant Montebello, centre de création nouvelle, nous atteignons Marengo situé près de l'Oued-Meurad et des Beni-Maçer. La forêt de Sidi-Sliman, qui précède ce beau village, ne ressemble en rien à ces maquis fourrés mais peu élevés, généralement qualifiés du nom de forêt en Algérie ; ici, il y a de grands arbres : micocouliers, ormes, frênes ; de jolis tamarix aux fleurs roses, des arbousiers chargés de fraises.

A Marengo, tandis que nos chevaux se rafraîchissent près d'un beau bassin creusé au centre de la place, deux Arabes, envoyés par l'administration locale, font marcher à l'aide d'une noria installée à la hâte, un élégant jet d'eau et ne cessent qu'à notre départ.

Plus loin, à Tipaza, autre manière de nous faire la fête. Le maire, M. Trémaux, nous offre une gracieuse hospitalité, sous forme d'un déjeuner servi cette fois avec table et confort, au milieu d'un ravissant parterre, où les massifs, chargés de fleurs, sont décorés de pièces antiques de la plus grande valeur : colonnes, chapiteaux, statues, vases précieux, parmi lesquels une jarre de terre cuite de près de cinq mètres de tour ; tombeaux de marbre ornés de hauts-reliefs finement ciselés, et une foule d'autres curiosités provenant des fouilles de la ville éteinte.

Au dessert, un délicieux vin du crû nous fournit l'occasion de porter la santé de nos intelligents et dévoués organisateurs : M. Quirot, président de la section de peinture à la Société des beaux-arts d'Alger ; M. O'Mac-Carthy, le savant archéologue, si particulièrement sympathique ; M. Durando, botaniste éminent ; tous charmants, d'une verve intarissable et d'une science profonde.

Tipaza, située au bord de la mer, étend ses ruines sur plusieurs centaines d'hectares ; ancienne colonie de vétérans fondée par l'empereur Claude, elle se distingue par une profusion de sarcophages encore intacts pour la plupart, et souvent superposés par couches, comme le seraient des sépultures de famille.

A l'est de cette nécropole, sur le sommet d'une éminence nommée Zarour, on rencontre une ancienne basilique de style byzantin, dont l'abside est restée debout, puis, revenant vers la mer, on découvre des thermes, des étuves, des bassins, des columbaria, un port bien abrité, un amphithéâtre, un temple, des fontaines publiques, des mosaïques émergeant du sol, ou se poursuivant sous des monceaux de moellons et de briques; puis des murailles inclinées, des voûtes renversées tout d'une pièce, tant le ciment en était solide, des crevasses béantes, indiquant l'emplacement des citernes, enfin un aqueduc profilant jusqu'à Marengo les débris de ses assises.

Tout est saccagé, bouleversé de fond en comble, comme si de nombreux tremblements de terre avaient agité convulsivement le sol de la vieille cité des rois de Mauritanie; néanmoins, la ville est si vaste qu'elle est loin d'avoir été complètement explorée; il n'en est pas de même des monuments isolés, car, en Afrique, il n'y a pas un édifice romain de quelque importance, qui n'ait été fouillé jusque dans ses fondements : c'est le cas du Tombeau de la Chrétienne; on y cherchait le trésor. En France aussi, nos vieux dolmens passaient pour renfermer des trésors, mais ils étaient respectés ainsi que leurs légendes, et ils seraient probablement encore intacts, sans le zèle de certains savants de l'école moderne, iconoclastes de profession, qui brisent, non pour éclairer la science, mais pour enrichir leur propre collection de quelques débris de poterie ou de silex dont nos musées regorgent aujourd'hui.

Nous rentrons à Alger par un nouveau train spécial

qui chauffe pour nous depuis longtemps, et nous retrouvons dans la ville, malgré l'heure avancée, un reflet, un lointain rappel de cette agitation parisienne, si caractéristique, si éminemment française.

Mais ces illuminations, ces drapeaux aux fenêtres, ces fêtes de jour et de nuit, ce mouvement inusité, n'est-ce pas à l'occasion du Congrès? c'est en son honneur. Tous, nous le savons, nous en sommes profondément touchés, et nous ne quitterons pas la métropole, sans en avoir exprimé nos remerciements les plus chaleureux à l'administration ainsi qu'à la population tout entière.

## XXII

Les Musulmans à la mosquée. — Mosquée de la Marine. — Mosquée de la Pêcherie. — Les chrétiens à l'église. — Cathédrale Saint-Philippe. — Un office de Pâques à Alger. — Son Eminence le Cardinal de La Vigerie. — L'évêque de Constantine. — Gloire et décadence du peuple Arabe. — Les palais de la Djénina. — Départ d'Alger.

Depuis notre arrivée dans la ville d'Alger, le canon ne cesse de se faire entendre ; salve de vingt et un coups pour la séance solennelle du Congrès ; saluts des navires et des forts ; signaux d'ouverture et de fermeture du port ; annonce officielle de chaque fête ; enfin, avant-hier, coups de canon toutes les demi-heures, pour rappeler aux populations européennes le grand jour du Vendredi-Saint. Aujourd'hui, jour de Pâques, le canon tonne de nouveau : les chrétiens vont à l'église, les boutiques se ferment tandis que les bazars s'ouvrent ; Musulmans et Juifs travaillent ; car, chez les Musulmans, le dimanche est le vendredi, et le samedi, chez les Juifs ; il en est de même pour la Semaine-Sainte : ici Rhamadan, là Sabbat. A chacun ses usages : dans l'église, on se découvre, à la mosquée, on se déchausse.

Au moment de la conquête, Alger ne comptait pas

moins de cent soixante-six édifices religieux : Djamâ, Zaouïa ou Koubba (grandes et petites mosquées ou chapelles); actuellement, il en subsiste à peine vingt et un.

Le plus ancien de ces monuments est la grande mosquée dite de la marine, Djamâ Kebir; sa fondation remonte dit-on au $x^e$ siècle; elle occupe une surface de vingt ares (2,000 mètres), et est formée d'une série de travées portées sur de lourds piliers carrés. L'intérieur, fort sombre, manque de décoration; tout son mobilier se compose de nombreuses lampes et d'épais tapis sur lesquels viennent s'étendre les Musulmans, après les ablutions, quand le Mouezzin a crié du haut du minaret la formule :

> Venez à la prière!
> Venez à la prière!
> Venez à la mosquée!
> Venez à la mosquée!
> Il n'y a de Dieu que Dieu!
> Mahomet est son Prophète.
> Dieu est grand!

c'est l'heure sacrée de la prière.

Bientôt le temple se remplit de croyants; le muphti, les ulemas ou le mahddi montent en chaire; l'Arabe assis sur les talons écoute, immobile, la lecture du Coran ou les chants religieux. De temps en temps il se prosterne, avec le plus profond recueillement, baise la terre à plusieurs reprises et se relève pour se prosterner de nouveau. Quelques-uns passent toute la journée en prière, les autres se retirent pour revenir au prochain appel. . . . . . . . . . . . .

La mosquée de la Pêcherie, Djamâ-Djerid, est construite en forme de croix grecque; comme la précédente, elle est fort simple au dedans; seule, la chaire en marbre blanc présente quelque valeur; toutes deux se distinguent au dehors par des coupoles en forme de demi-sphère.

Une autre mosquée, beaucoup plus belle, celle des Ketchaoua, existait à l'époque où fut fondé l'évêché d'Alger, dont le premier titulaire, Monseigneur Dupuch, rendit tant de services, en facilitant les rapports entre les Français et les Arabes. On eût pu la conserver, en l'appropriant au culte catholique; on préféra la démolir pour élever sur son emplacement la cathédrale Saint-Philippe.

La nouvelle église ne manque pas de caractère; sa voûte, couverte d'arabesques; ses arcades, reposant sur les colonnes de marbre de la mosquée, et sa chaire, l'ancien *Mimbar*, faite en mosaïques, méritent d'être signalées.

Aux jours de fête, surtout, cet édifice somptueusedécoré présente un ensemble des plus harmonieux; c'est le cas aujourd'hui, et, puisque je suis dans l'église, le lecteur me saura gré, je le suppose, de lui donner en peu de mots un aperçu de la cérémonie : un office de Pâques à la cathédrale d'Alger produit une grande impression, autant par l'affluence des fidèles qui se pressent dans le sanctuaire que par les pompes de l'église d'Orient.

A l'extrémité d'une nef ruisselant de lumières, s'élèvent deux trônes entourés de riches tentures, surmontés de dais empanachés, l'un à la gauche du chœur pour l'archevêque, l'autre à la droite pour le suffragant, évêque de Constantine. Chaque prélat en cape est revêtu, soit de l'aube, de l'étole, de la chape, de la mitre *ordinaire*; soit de la tunique, de la chasuble, de la capa magna, de la mitre *précieuse*, des gants avec l'anneau au doigt; sur les marches du trône, se tiennent les acolytes porte-insignes ; le livre, le bougeoir, la crosse et la mitre, précédés des chapelains porte-croix : celle à deux branches, en forme de croix de Lorraine, devant la métropolitain, faisant face à la croix latine du suffragant. A la suite, on remarque les hauts dignitaires, les membres du chapitre, les ministres sacrés ; les diacres assistants ou chanoines-diacres ; les diacres d'honneur ; les chanoines parés ; les uns ayant le rochet garni de dentelles, de guipures, de broderies ; les autres, de riches dalmatiques de brocard et de drap d'or sur lesquelles s'étale le grand cordon écarlate, terminé par la croix pastorale en émail, insigne de leur dignité.

Puis, viennent les prêtres, les sous-diacres, en tunique sur le surplis ; les familiers à la crédence, en soutane sans surplis, en nombre égal aux ornements déposés sur l'autel ; les ministres chargés de présenter les ornements : l'eau parfumée pour l'ablution des mains, l'aiguière et le bassin ; les maîtres de cérémonie ; les chapiers faisant fonctions de chantres ; le porte-grémial, clerc en surplis ; le porte-burettes, acolyte à la crédence ; le thuriféraire à l'ordinaire.

Presque tout cet immense personnel porte la barbe longue et est précédé d'enfants de chœur, au nombre de plus de quatre-vingts : moitié en camail violet et robes bordées d'hermine ; moitié en mosettes et robes rouges, également garnies, entourant une riche bannière si haute qu'elle atteint la voûte de l'église. A ses côtés brûlent deux fâlots de métal ciselé, maintenus aussi élevés que la bannière.

Au milieu du plus profond recueillement, l'office commence par les chants lithurgiques, sous l'habile direction des *cérémoniaires* ; les orgues placées ici près de l'autel accompagnent les voix de la maîtrise, alternant avec des chœurs et des soli soutenus par une ravissante musique ; puis la procession se met en marche, traversant sous un nuage d'encens l'église qu'elle occupe dans toute sa longueur, depuis l'abside jusqu'à l'entrée de la nef.

Ce cortège majestueux faisait rêver à ces grandioses processions qui attiraient à Saint-Pierre, pendant la Semaine-Sainte, les touristes du monde entier, alors que le Souverain Pontife n'était pas prisonnier au Vatican ; il me rappelait ce que je vis jadis, le jour de Pâques, au Duomo de Milan, à Saint-Janvier de Naples, à Notre-Dame de Paris....., et qui ne se voit plus aujourd'hui. La messe se continua ainsi, dans ce cérémonial inusité, et, comme l'office de Pâques est le plus court de l'année, je me trouvais encore sous le coup de cette vision éclatante, quand tout le monde avait quitté l'église.

Au dehors, les prélats cherchaient à gagner le palais épiscopal, situé à une faible distance, mais ils ne pouvaient avancer, obsédés par une foule compacte, s'écrasant pour baiser l'anneau pastoral ou recevoir la bénédiction apostolique. J'aurais aussi désiré approcher ces dignes personnages, mais tous mes efforts furent inutiles, et j'allais me dégager de mon mieux, quand le flot me poussa brutalement sur la porte même de l'évêché, au moment où on la refermait à grand-peine sur la foule ; je fus trop heureux d'y trouver un refuge, et, pris au piège sans le vouloir, mais enchanté, j'avisai un jeune prêtre, que je supposai secrétaire de l'un des évêques, et le priai de m'introduire : il s'y prêta de très bonne grâce, et, m'ayant fait monter à un premier étage, il me conduisit à la porte d'un petit salon donnant sur la galerie mauresque suspendue au-dessus de la cour.

Je frappai discrètement : la porte s'ouvrit, j'étais en présence de l'archevêque.

Monseigneur de La Vigerie, actuellement cardinal, archevêque de Tunis et Carthage, avec suprématie sur l'Afrique entière, d'Alger au Cap, est un homme encore jeune, de belle prestance, d'une grande distinction, et portant haut sa superbe tête, ornée d'une longue barbe blanche, qui lui donne l'aspect d'un patriarche.

Plein de bienveillance et de simplicité, il s'enquiert du but de ma visite, tout en enlevant un à un ses ornements sacerdotaux.

— Monseigneur, lui dis-je, je n'ai pas voulu quitter Alger sans avoir l'honneur de présenter mes hommages au très éminent archéologue à qui nous devons l'exposé des fouilles de Carthage.

— Vous avez donc lu, monsieur, mon dernier travail que j'ai fait déposer sur le bureau du Congrès ?

— Je crains, Monseigneur, que le livre n'ait pas été présenté, je ne l'y ai pas vu. Votre Grandeur ne saurait ignorer que la science actuelle procède quelquefois du libre examen. Je lui rappelai le Père de La Croix, à la Sorbonne, savant, très savant même....., mais jésuite.

Monseigneur sourit avec finesse.

Nous causâmes ensuite de la belle procession, puis du Congrès, de Beulé, de Léon Renier, du Père Delattre et des espérances que l'on fondait sur la mission de Carthage. Lorsque je pris congé de Sa Grandeur, elle daigna me remettre un exemplaire de son ouvrage sur la cité phénicienne et du rapport dans lequel elle réclame le concours de l'Académie des Inscriptions, pour la continuation des fouilles ; la signature, pleine d'humour, révèle le caractère enjoué du docte prélat :

† **CHARLES**, Archevêque d'Alger,
Docteur de la Faculté des Lettres de Paris, — Docteur en Droit Civil, — Docteur en Droit Canonique, — Docteur en Théologie, mais hélas ! pas *Docteur en Finances !*

Je souhaite à Son Eminence de rester longtemps en Afrique, et surtout à Carthage, car, avec sa nouvelle position, le cardinal ne peut manquer de trouver l'appui et les fonds qu'il réclame, pour nous assurer la possession des richesses enfouies sous le vieux sol punique, dont l'antique forteresse voit, depuis plus de cinquante ans, flotter le drapeau de la France.

Au moment où je quittais l'archevêque d'Alger, je rencontrai l'évêque de Constantine et j'acceptai, avec empressement, l'offre toute gracieuse de Monseigneur, de me faire visiter le palais mauresque, remarquable par ses distributions et surtout par l'ornementation des murailles intérieures ; puis, après m'être confondu en remerciements, je sortis dans la ville, encore sous l'impression de cet imposant office de Pâques.

Le culte et tous les arts qui s'y rattachent sont, il faut bien le reconnaître, indispensables à toute religion, en ce qu'ils donnent un corps aux idées, des symboles commémoratifs aux principes, et même remplacent l'enseignement supérieur qui dépasse les aptitudes de la plus grande masse à comprendre et s'assimiler toutes les vérités fondamentales.

La conscience honnête et pure, en ce cas, supplée à la science, trop souvent sceptique, parce qu'elle est orgueilleuse. La majorité des fidèles, qui est humble de cœur, peut servir Dieu, dans son ignorance relative, involontaire, et remplir toutes les obligations de la loi morale et religieuse ; les exercices du culte traditionnel nourrissent ainsi la piété la plus tendre, celle qui dérive des exemples paternels et maternels. Bien plus, le peuple musulman en a donné la preuve, lui-même, aussi bien que les Croisés : la piété entretenue par les pratiques du culte crée l'unité du peuple qui dérive surtout de la même foi, plutôt que des mêmes lois et des mêmes institutions, souvent variables.

Les chants religieux ou patriotiques exaltent et unissent tous les cœurs ; la marche en commun et les danses même, comme dans les panathénées, font un seul homme, un seul corps de toute une nation.

C'est la foi, poussée malheureusement jusqu'au fanatisme, qui donna la victoire aux Musulmans. Tout voyageur en Algérie, comme en Orient, est encore profondément ému de voir avec quel soin le Musulman de toutes les classes observe les prescriptions de son culte, les ablutions répétées, même avec le sable, faute d'eau ; la prière, qui, trois fois par jour, coupe ses travaux et ses loisirs, en lui rappelant le but suprême et constant de la vie.

Toutes ces prescriptions, souvent multiples, des cultes, ne sont assurément pas nécessaires, mais elles maintiennent parfaitement la discipline du peuple entier qui s'en fait un point d'honneur. Ce qu'on nomme si singulièrement le respect humain, en France, sotte honte qui empêche tant de caractères faibles de se montrer religieux, est un sentiment inconnu en pays musulman ; et il est fort édifiant de voir avec quel scrupule, même dans les grandes villes, comme à Constantinople ou à Alger, les jeûnes du Rhamadan (carême des Musulmans) sont observés.

Les considérations relatives à la Pâque, en Algérie, et au culte Chrétien comparé au culte Musulman, touchent aussi aux brûlantes questions de l'Eglise et de l'Etat, qui occupent aujourd'hui tous les hommes d'Etat, et toutes les Assemblées.

Dans ces villes complexes de l'Algérie, où la mosquée est voisine de l'église ou chapelle chrétienne, comme dans toutes les Échelles du Levant, ce grand et éternel problème social, l'équilibre des droits et des devoirs, vient naturellement à l'esprit, en même temps que le souvenir de la civilisation si brillante des Arabes dans les siècles passés.

Résumons sommairement les phases dramatiques que ce grand peuple a traversées avant d'être déchu, vaincu, morcelé et chassé de ses plus importantes conquêtes sur le continent.

L'unité de Dieu, révélée à son fondateur, Mahomet, par un saint moine d'Orient, suffit à l'éclairer, à l'unifier à le faire compact, et à l'armer pour combattre les chrétiens corrompus du Bas-Empire et les subjuguer. Si Mahomet n'eût pas été dévoré d'orgueil et ivre de volupté, il eût pu ranger tout son peuple de héros barbares sous l'étendard du Christ, devenir une sorte de Josué nouveau et porter le code chrétien dans les Indes comme dans les Gaules. Mais la passion du mysticisme, si développée, si ardente chez les Orientaux tous poétiques, le porta à se dire prophète. Il se fit à la fois thaumaturge et législateur; son Coran est le seul code civil des Musulmans.

Quel adroit génie! Il accorde la femme en pâture à ses brutaux soldats, il la leur promet même pour paradis et se figure qu'avec un tel mobile, si naturaliste, qu'il appelle divin, il va rendre toute la jeunesse, toutes les armées à jamais victorieuses et conquérantes!

Chef d'un peuple aussi ancien qu'Israël, le voilà qui réclame l'héritage du monde au nom du même Dieu! Il conquiert la Syrie, l'Egypte avec une rapidité et une vigueur foudroyantes, comme Samson, armé de sa mâchoire d'âne dérisoire, écrasait les Philistins.

Cet enthousiasme de la foi en un seul Dieu universel, créateur du monde et de l'humanité, est si ardent qu'il fait des prodiges absolument merveilleux.

En effet, l'Arabe, pasteur, enclin à la contemplation des nuits et des astres, devient savant astronome; il invente les chiffres, admirables de simplicité, l'algèbre, procédé synthétique, aussi utile, aussi fécond en résultats. Du style byzantin, il fait un art prodigieux de variété et de richesse, de formes et de détails, où l'arabesque élégante paraphrase le Koran et ses versets, dans les palais qui succèdent aux tentes nomades. Cet art merveilleux, comme les alvéoles des ruches, ravit encore tous les plus savants voyageurs, de Cordoue au Caire et à La Mecque.

Quelle gloire ! Ce peuple, devenu assez grand pour comprendre et admirer le génie et les vertus des héros chrétiens, triomphe de tous les peuples d'Occident confédérés et, vainqueur, entre le cimeterre en main jusque dans le tombeau du Christ !

Il semble que la morale chrétienne soit éphémère et abandonnée du ciel. La superstition, l'ignorance et l'absolutisme règnent en Europe dans les masses populaires. La guerre a tout ruiné: saint Louis fut réduit à recevoir les soins d'un médecin arabe, après sa défaite à Mansourah ! Mais Don Juan à Lépante et Sobieski sous les murs de Vienne sont suscités par Dieu, pour être les champions de la morale, c'est-à-dire de la civilisation chrétienne.

Les grands rôles publics nationaux changent de camp; la femme à qui Mahomet refuse même une âme, bien qu'enivré de sa beauté, restant esclave et captive des vices dans les harems, n'a pas les mérites et l'honneur de la maternité spirituelle; elle met au monde des fils robustes, mais elle n'enfante pas des générations progressives.

L'envahissement des Turcs; les Gen-gis-kan, les Timour-leng sont encore terribles mais repoussants.

Bien que la fortune des Musulmans et leurs conquêtes fussent immenses et qu'ils eussent produit de grands capitaines et des génies de toute sorte, des sages, même, comme Aroun-al-Raschid (le juste), le peuple entier ne tarda pas à s'avilir, par cette seule raison que ce sont les femmes et non les lois qui font les mœurs.

Le gouvernement absolu, sans contrôle, et théocratique a produit en Turquie des crimes inouïs et la ruine du peuple, aussi bien que son avilissement, dans le plus fécond des territoires et sous le plus heureux climat. On comprend donc quel prestige gagna le général Bonaparte dans sa campagne d'Egypte, où il eût l'habileté de se poser comme le libérateur futur de tout l'Orient...... bien qu'il méditât, à ce moment même, de violer les lois, de confisquer à son profit personnel les libertés de son pays.

. . . . . . . . . . . . . . . . . . . . . . . . .

Je ne saurais insister davantage sur ce sujet. La conquête et la transformation de l'Algérie, repaire affreux de corsaires, est un bienfait pour toute l'Europe, une occasion d'apostolat pour le christianisme, et une compensation à la perte cruelle et successive de toutes les colonies françaises.

Je désirerais encore revenir ici sur les deux systèmes de colonisation anglaise et française, pour tirer de leur comparaison quelques conclusions pratiques : montrer que le système français est une sorte de protectorat officiel, que l'Etat prétend exercer au moyen de la lourde machine appelée centralisation, de telle sorte que les administrateurs constituent, soit un monopole, soit une autorité exclusive, plus ou moins absolue, auxquels rien n'échappe.

Le système anglais est tout différent. Il tend, au contraire, à exciter l'iniative individuelle, à vulgariser l'enseignement moral et religieux, de telle sorte qu'il remplace le code pénal. User sagement des libertés publiques et du fécond pouvoir de l'association, voilà la source du succès de toutes les colonies anglaises qui, pour la plupart, se gouvernent elles-mêmes.

L'Australie a bâti, sans secours de l'Etat, des villes et des cathédrales sans nombre depuis 1830; tandis que l'Algérie a vu s'éteindre, sans espoir, plusieurs générations de malheureux colons.

Mais je crains les redites, et puis le temps presse, il me faut, avant de quitter Alger, contempler encore ces maisons, ces palais maures, si curieux et si riches avec leurs colonnades de marbre, leurs galeries suspendues, leurs moucharabiehs, leurs voûtes à alvéoles, supportées par des murailles brodées d'arabesques, où toute l'ornementation est tirée des divers agencements de la ligne droite et de la courbe, enlacées dans quelque verset du Koran; car la loi de Mahomet, interdisant sévèrement la reproduction des figures d'hommes ou d'animaux, en un mot de tout ce qui a eu vie, il a fallu des prodiges d'habileté pour varier ainsi à l'infini les combinaisons du décor. C'est surtout à l'archevêché à la cour d'assises, à la maison de Mustapha-Pacha, musée actuel, à celle de la rue des Lotophages; enfin à tous ces palais faisant partie de l'ancienne djenina du dey, que l'on se plaît à admirer le véritable génie des artistes et des architectes arabes.

Puis, les riches mobiliers, les tapis splendides, objets d'une fabrication si ancienne chez les femmes de l'Orient, et dont les laines, décolorées par le temps, ne reçoivent jamais le pied que dépouillé de ses babouches; les tentures de soie et de velours, retraçant des pages entières de poèmes sacrés (*Mollawah*), brodées avec un luxe inouï d'or et d'argent, rehaussées de pierres précieuses; les divans aux moelleux coussins; les meubles incrustés de nacre et d'ivoire; les étagères bariolées; les tables de bois d'érable, d'olivier, de palmier, surchargées de coffrets à bijoux, des chapelets en pâte de rose, d'aiguières, de kafédjis, de vases ciselés de capricieuses arabesques, fouillées comme des objets de l'Inde; les gros coffres peints de vermillon, avec découpures, fermoirs, appliques, serrures d'un fini merveilleux; les Corans couverts d'ornements, enfermés dans une boîte d'où pendent les cordons destinés à les suspendre à l'épaule, quand on part en pélerinage; les instruments de musique : tsita avec onglets, cithares, théorbes, violes, cornemuses, harpes, flûtes, mandolines; les machbakours, cassolettes à parfums; les riches narghileh terminés par le bout d'ambre; les lanternes ajourées, les hauts chandeliers, chefs-d'œuvre de bronze; les faisceaux d'armes, remontant à Saladin; les harnachements de chevaux, et mille autres merveilles que le respect inné des vieilles traditions de l'art chez les Arabes a conservées jusqu'à nos jours.

Qu'il a dû être contrarié ce dey, quand on lui a pris tout cela, tout pour un malencontreux coup de chasse-mouches! et sa ravissante Kasbah, cette ville féerique, que l'on voudrait conserver dans un écrin, avec ses terrasses d'où l'on guettait les pirates, au retour de la course; ses ruelles sans issue, ses échoppes et ses petites niches où les tolba accroupis se succèdent depuis des siècles, copiant le Koran avec un roseau dont ils font trois plumes; une en rouge pour les rubriques, une en jaune pour les points-voyelles et l'autre en noir pour le texte.

Que de merveilles accumulées sur un seul point, profond sujet d'études pour le penseur!

La nouvelle Alger saura-t-elle résister au mouvement qui l'entraîne sans cesse vers la colline? Saura-t-elle conserver ce coin de l'Orient qu'elle a déjà tant défloré, ce joyau dont elle a arraché bien des perles, ou cédera-t-elle à la fatale manie de la rue alignée, avec maisons de carton et de plâtre?

Le jour où la ville arabe aura disparu, Alger pourra s'écrier comme le Rouen actuel : Adieu le touriste, adieu l'artiste et le savant !

## XXIII

La grande Kabylie. — Rouïba. — Tizi-Ouzou. — Les Beni-Iratem. — M. de Calavon. — Les Céramiques kabyles. — L'Administrateur. — Communes mixtes. — Communes de plein exercice. — Le sous-préfet, M. Boyenval.

Après les provinces d'Oran et d'Alger, il me restait à visiter celle de Constantine, et surtout la Kabylie et le désert ; je pouvais ainsi acquérir une connaissance suffisante des points les plus intéressants de notre belle colonie d'Afrique.

J'avais parcouru l'Atlas et ses contreforts, il fallait voir les Djurjura et l'Aurès. Je quittai la ville des deys le 23 avril et me dirigeai vers Tizi-Ouzou, chef-lieu de la grande Kabylie, comprise entre l'Isser et le Sahel, et traversée par le Djurjura.

Nous étions deux ; un jeune membre du Congrès, M. Edouard Pierron, éminent chimiste, m'avait exprimé le désir de partager les fatigues de ce pénible voyage, et j'avais accepté avec empressement, non sans l'avoir fait s'armer au préalable ; c'est une précaution que l'on ne saurait négliger, et un homme armé se sent toujours fort dans les bonnes comme dans les mauvaises rencontres.

En Europe, on juge des hommes et de leur condition sur le visage et les vêtements; au pays musulman, au luxe des armes on devine du plus ou moins d'importance du hadj (*pèlerin*) ou du voyageur étranger, et on mesure le respect à lui accorder.

A Rouïba, notre première étape, nous trouvâmes une auberge dont je notai l'enseigne: *Casse-croûte de jour et de nuit* (à joindre à la *Lessiverie Gauloise*, au café du *Lézard* et autres drôleries que je glane sur la route). En France, du moins, ces réclames sont spirituelles, quelquefois même engageantes; un cabaret de Vernon, situé vis-à-vis de la Seine, porte: *Il vaut mieux boire ici qu'en face*. Au bois de Boulogne, Grande vacherie d'Auteuil, *réunions de famille*; quelque part, au quartier latin: *Cras oculo*; à Morges, Suisse, sur une façade: Café à l'instar de Paris; puis, au-dessus de la porte: *Entrée de l'instar*. D'autres présentent moins d'attrait, et je connais un certain bourg de la Haute-Normandie cité pour ses édifices scolaires, où l'enseigne par trop royaliste de *l'Hôtellerie des Trois Couronnes* se changea subitement, au grand effroi des voyageurs, en celle-ci: *Auberge des Trois Etrilles!*

Mon premier soin, en arrivant à Tizi-Ouzou, fut d'aller voir le sous-préfet. Je lui avais été chaudement recommandé par le nouveau préfet d'Alger, M. Firbach; aussi se mit-il immédiatement à ma disposition, me donnant un Arabe interprète de confiance pour visiter la tribu des Beni-Iratem.

Je partis de suite avec lui; nous marchions à travers des rues désertes, bordées d'enclos et de jardins, et je commençais à trouver la route longue, quand mon attention fut attirée par la vue d'une femme à la taille élancée, vêtue d'une sorte de tunique, artistement drapée sous les plis de son haïk. Son bras nu soutenait une amphore, gracieusement posée sur l'épaule; elle s'avançait avec une incomparable noblesse, et quand elle s'arrêta pour me considérer, on eût dit une statue antique.

Ma présence sembla la surprendre; elle hésita un instant, car sa figure n'était pas voilée, puis sans doute, reconnaissant mon guide, elle sourit, baissa ses beaux yeux noirs, et continua.

— D'où vient cette femme? dis-je à l'Arabe.

— De la fontaine, me répond-il.

— Eh bien! allons à la fontaine.

La source n'était pas loin; j'y fus bientôt arrivé. Il y avait là une vingtaine de femmes et d'enfants occupés à puiser de l'eau, rappelant par leurs costumes ceux de Judith, de Rebecca ou de Rachel, dont Horace Vernet nous a laissé un immortel souvenir, car ce peintre illustre est le premier qui ait rompu avec les traditions erronées du moyen âge et de la renaissance, en restituant au peuple juif son costume original. Rien ne change chez les Arabes, restés, malgré bien des révolutions, attachés aux mœurs et aux usages des plus primitives époques bibliques. Les vases même, faits d'une argile grossière, étaient de forme ancienne, et tellement séduisants par l'élégance de leur galbe, que je ne pus résister au désir d'en rapporter quelques-uns.

— Viens ici, dis-je à une de ces belles créatures. Veux-tu me vendre ton amphore?

Elle eût peur ou ne voulut pas; elle s'en fut, courant comme une gazelle.

— Eh bien! toi, voyons, combien le vase?

Celle-ci, plus hardie que sa compagne, désigna l'amphore d'un geste, puis, la déposant sur le sol, elle ferma les deux mains et les rouvrit en écartant les cinq doigts ; deux fois, elle répéta le mouvement, et, à la troisième reprise, présenta seulement quatre doigts.

Cela fait vingt-quatre, mais vingt-quatre quoi ?

Vingt-quatre sous, pensai-je tout bas, mais c'est bien trop bon marché.

Si cependant c'était 24 francs, ah ! mais alors, ce serait peut-être un peu cher, néanmoins, il faut voir : et je contemplais ce beau vase ; il n'avait pas moins de quatre-vingts centimètres de hauteur ; le col se dessinait gracieusement sur une panse moyenne, décorée de deux anses d'une courbure harmonieuse et terminée en pointe conique, comme les amphores de la maison de Diomède à Pompeï (*quadrantal*) ; des lignes brunes, d'une forme bizarre, traçaient de primitives arabesques sur un fond jaune très heureux de ton.

Je vais lui montrer un franc, et puis après, je lui en donnerai vingt-trois autres, car, en somme, c'est si joli. Décidément il vaut bien le prix.

A la vue de la monnaie d'argent, la femme secoua la tête, répétant vivement :

— *Macach, macach bono!* (pas bon, en langue roumy).

Je hasardai alors un modeste sou, répétant le jeu des doigts, et, comme elle inclinait la tête en signe d'assentiment, je lui en comptai vingt-quatre, et j'eus le vase. J'en achetai ainsi quatre, que je payai de 1 fr. à 1 fr. 50 c. la pièce, et, après avoir écrit sur chacun le nom de la vendeuse : Kadoudja, trente-quatre ans, sur le premier, puis Iaenina, dix-huit ans, et ainsi de suite, je les confiai à des enfants, en me faisant suivre par eux.

Peu à peu, je m'étais rapproché des habitations kabyles, et j'examinais avec surprise ces intérieurs enfumés, rappelant par quelques points les wigwams des Indiens Ottawas et Chippaways, chez lesquels j'avais autrefois passé de longs mois d'hiver au Canada. La présence de bestiaux, d'instruments aratoires, de jarres d'huile, appliquées contre les murailles de blé entassé à l'angle de la petite pièce, révélait dans certaines maisons une aisance qui ne se rencontrait pas partout; dans d'autres, plus pauvres, on ne trouvait que les ustensiles les plus indispensables.

Je passai ainsi une partie de la journée; à mon retour vers la ville, je fus fort surpris de voir le guide arrêté devant une maison de belle apparence.

— Allons, allons, arrive! criai-je en passant.

Mais il ne bougeait pas; au contraire, il me faisait signe d'entrer.

— C'est là que demeure l'administrateur; va le voir !

— Crois-tu que je viens en Afrique pour faire visite à des Européens? J'ai bien autre chose à faire; tout mon temps est compté.

— Entre, je te dis.

— Je te le répète : je ne le connais pas du tout ton administrateur, et puis je suis pressé.

— Voyons, entre, je vais t'attendre à la porte.

— Ah çà, mais il est insupportable, cet indigène ! il va me faire perdre ma journée ! Puis, après un moment de réflexion :

Eh ! ma foi, tant pis : je regagnerai ce retard en marchant un peu plus vite; puisqu'il est si tenace, il doit avoir son motif : entrons.

Je pénétrai par une antichambre dans un cabinet de travail, où je trouvai un monsieur, occupé à écrire, assis devant un bureau.

— Monsieur, dis-je en lui présentant ma carte, j'arrive du Congrès d'Alger; je suis venu visiter les Béni-

Iratem ; je leur ai acheté quelques vases ; j'aurais désiré faire d'autres emplettes, mais n'ayant plus que deux heures à passer ici, je.....

— Monsieur, répond-il, en se levant brusquement, quand on n'a que deux heures à passer, voici comment on s'y prend ; et, se dirigeant vers une pièce voisine, il me quitte précipitamment.

Tiens ! quelle singulière rencontre ; mais où donc suis-je ici ?

Et, regardant autour de moi, j'aperçois une foule de cartons rangés méthodiquement, sur lesquels je lis : *Sequestre, sequestre, sequestre !*

Ah ! le maudit Arabe ! je comprends maintenant son insistance à me faire entrer. Sapristi ! je suis en contravention !..... Ces femmes non voilées fuyant à mon approche, la visite aux Kabyles, peut-être un article secret du Coran contre les cruches ! Je vais être sequestré !.... Je n'ai plus qu'une chose à faire. Il faut filer..... filons !.... Et, avisant une petite sortie donnant sur la campagne, je m'apprêtais doucement à tourner la clé, quand, tout à coup, l'autre porte se rouvre bruyamment, et je vois l'administrateur, suivi d'un employé, tous deux, les bras et les mains chargés des plus jolis vases. Il y avait des gargoulettes, des coupes, des amphores, des gourgoulines, des cratères, des lagènes aux galbes les plus gracieux, aux tons les plus séduisants.

Quelques-uns présentaient cette forme trilobée (trois vases conjugués), si parfaitement semblable à celle des antiques poteries du Pérou, du Mexique ou du Yucatan, que l'on se croirait en mesure d'affirmer une identité d'origine chez les uns et chez les autres.

Tous inscrivaient, sur un fond brun-rouge, des

médaillons de couleur jaune, couverts de charmantes arabesques serties de filets noirs.

— Permettez-moi de vous offrir ce petit souvenir, en mémoire de votre passage à Tizi-Ouzou, me dit le maître de céans, avec le ton de bienveillante simplicité d'un homme de parfaite distinction; vous paraissez aimer les céramiques, et le temps ne vous permet pas...

— Oh! Monsieur, fis-je en l'interrompant, au comble de la surprise, vous êtes mille fois bon et aimable, mais, réellement, je ne puis accepter.

— Prenez, prenez, je suis à même de m'en procurer d'autres; et, voyant que je couvais des yeux ces ravissantes poteries: Attendez donc, j'ai mieux que cela; et il sort de nouveau, puis rentre aussitôt, tenant à la main un charmant vase, d'un style tout différent: il n'avait pas, comme les autres, une *couverte* composée de vernis plombifère; et, tout en conservant les lozanges propres à l'industrie arabe, il rappelait par certains ornements le caractère étrange de la primitive céramique étrusco-romaine.

— Oh! pour celui-là, je ne saurais pousser l'indiscrétion....

Et comme l'administrateur insistait de la façon la plus courtoise :

— Mais enfin, Monsieur, je désirerais savoir qui je dois avoir l'honneur de remercier.

Il me remit alors sa carte, et nous causâmes quelques instants.

M. d'Arnaud de Calavon remplit des fonctions très importantes, ayant la haute main sur les Arabes, dont il parle couramment la langue; il est chargé des affaires indigènes : concessions, lotissements, partages, *séquestre* de biens.

Voici du reste comment se résument ses attributions.

L'Algérie, on le sait, est formée de trois grandes zones parallèles à la mer :

Le Tell (ancien *Tellus* des Romains), situé le long de la côte, puis les Hauts-Plateaux et enfin le Désert dont la limite au sud est assez confuse.

Ces zones sont fractionnées de l'Ouest à l'Est en trois provinces ou départements, séparés chacun par une ligne perpendiculaire à la mer : Oran, Alger, Constantine, comprenant par province, deux territoires administrés : l'un par le préfet, l'autre par le général. Au civil, le département se subdivise en arrondissements avec sous-préfets, et en communes de deux sortes :

Celles de plein exercice et les communes mixtes.

La commune de plein exercice n'existe qu'en territoire civil. Son organisation municipale est identique à la nôtre.

Si elle renferme des Arabes, des adjoints indigènes placés sous l'autorité du maire sont chargés de la rentrée de l'impôt.

La commune mixte, au contraire, peut se trouver sur les deux territoires, car c'est celle dans laquelle l'élément indigène est en majorité. Au militaire, elle est régie par une commission municipale, sous l'autorité du général ; au civil, par un administrateur ayant dans ses attributions les fonctions de maire, celle de percepteur, la police judiciaire et le maintien de la sécurité publique. Telles sont les charges diverses qui incombent à l'administrateur ; aussi fut-il à même de me donner de précieux renseignements sur les usages des indigènes, sur leurs mœurs et leur caractère hospitalier.

— Le pays que vous allez traverser, ajouta-t-il, offre la plus parfaite sécurité aux voyageurs, et si les

Kabyles exercent quelques violences, c'est plutôt dans leur intérieur que vis-à-vis des étrangers. Tenez, voici une arme saisie hier sur un Arabe; il s'en est servi pour tuer sa femme dans un accès de jalousie.

Et tout en parlant, il glissait parmi mes vases un long couteau damasquiné, renfermé dans un étui décoré de fines guillochures.

Il n'y avait plus à prolonger la visite, car toutes les curiosités de la maison eussent passé entre mes mains. Je remerciai encore avec effusion, me confondant en excuses, et je regagnai la sous-préfecture, traversant une foule d'Arabes accourus pour assister au défilé des dépouilles opimes.

Les femmes de la fontaine, remises de leur première frayeur, étaient aussi revenues; elles me présentaient d'autres produits de leur industrie céramique et, tendant toutes les bras vers moi, me mettaient dans la situation la plus perplexe, car, malgré le prix infime de ces objets, si nouveaux pour moi, il fallait songer à l'emballage et aux nombreux embarras que suscite la plus simple expédition en France : enregistrement, emmagasinage, traversée, transbordement, transport, douane, camionnage; j'allais oublier la casse...

Mon arrivée eut lieu au milieu de ce cortège, au grand ébahissement des employés; ils croyaient voir l'entrée d'Alexandre à Babylone, reproduite dans l'œuvre magistrale de Lebrun (déposée au pavillon Denon du Louvre) : il ne manquait que les prisonniers; quant à M. Boyenval, l'aimable sous-préfet, il poussa la bienveillance jusqu'à faire venir des caisses, dans l'une desquelles il eut la gracieuse attention de glisser, en manière de lest, une superbe amphore, produit des Beni-Douellas, surpassant par l'élégance de ses dessins celles des femmes de la fontaine; puis, au moment de quitter Tizi-Ouzou, je vis arriver deux forts mulets, réquisitionnés pour nous par M. de Calavon, avec une escorte de deux guides et d'un cavalier à burnous bleu, monté sur un beau cheval arabe et bien armé.

Après avoir remercié une dernière fois des hôtes aussi prévenants, je me dirigeai, accompagné de mon jeune savant, vers le poste de Fort-National (Souk-el-Arbâ), au centre de la grande Kabylie.

## XXIV

Voyage à mulet. — L'Oued-Aïssi. — Le Sébaou. — Le Fort-National. — Le Djurdjura. — Azib-Zamoun. — Les blonds aux yeux bleus. — Henri Martin et de Quatrefages. — Delhys. — Bougie. — La petite Kabylie. — Les Gorges du Châbet-el-Akhra.

Ce n'est pas follement gai de parcourir vingt-neuf kilomètres sur une selle de bois, large de soixante centimètres, et sans étriers pour supporter les pieds; avec cela des montagnes, des rochers, des pierres roulantes et un mulet s'obstinant toujours à marcher sur la crête des précipices, quand il pourrait si bien suivre l'autre côté du sentier.

Et puis, des situations impossibles. Voici une rivière, l'Oued-Aïssi : il n'y avait pas une goutte d'eau, la semaine dernière, et, comme il a plu hier, je suis réduit, pour ne pas être mouillé, à grimper à genoux sur le dos de la bête, ainsi qu'un acrobate. Quant à elle, le torrent l'entraîne; ayant perdu pied, elle ne marche ni ne nage, mais se laisse ballotter à la dérive, comme une grosse barrique, et finit par s'échouer à deux cents mètres en dessous du chemin.

Nous traversons la vallée de Sébaou, et bientôt nous pénétrons dans la partie la plus sauvage de la Grande-Kabylie.

De tous côtés, des pitons aigus avec des villages suspendus au faîte des pics; des pentes fertiles, des plantations de figuiers, de cerisiers; des moutons, des chèvres, de petites vaches de race arabe; puis des montagnards, des femmes actives, laborieuses, cultivant les champs; des jardins, ménagés parmi les arbres, aux flancs des montagnes; dans les sentiers, des caravanes accompagnées d'enfants vêtus à l'orientale, les bras chargés de poules, de bois, de paquets d'herbe ou de paniers de fruits.

Nous arrivons à Fort-National, à une altitude de plus de mille mètres; il fait un froid affreux; les Arabes sont obligés de nous enlever de dessus nos selles, tant nous sommes raides, endoloris. On allume un grand feu, et il ne faut pas moins d'une heure pour nous ranimer.

Je constate en passant que, dans tout le Nord de l'Afrique, je n'ai pas rencontré une maison sans cheminée. Sait-on cela en Europe?

Le Fort-National, avec son enceinte flanquée de dix-sept bastions, est l'établissement militaire le plus important de la Kabylie. Autour de nous apparaissent les crêtes du Djurdjura, dont les sommets neigeux atteignent des proportions considérables : le Tamgout de 2,000 mètres et Lella-Kredidja, 2,300 mètres, moitié de la hauteur du Mont-Blanc, le plus élevé de toute l'Algérie après le Chelia dans l'Aurès.

Une nuit passée par exception dans un lit nous eût bientôt remis de nos fatigues, mais le lendemain, quand nous voulûmes quitter Soûk-el-Arbâ pour atteindre Sétif par la montagne, les guides se refusèrent à marcher.

Une pluie continue, jointe à une brume épaisse, ne permettant pas de distinguer à dix pas devant soi, nous fûmes obligés de redescendre la montagne pour regagner Azib-Zamoun (Haussonville), village d'Alsaciens-Lorrains. Peu de choses à noter ici. Les hirondelles font leurs nids dans l'intérieur des maisons, elles y dorment la nuit et le matin on leur ouvre les portes. Les jardins sont remplis de fleurs des climats tempérés : chrysanthèmes, roses, thlaspis, mélangées à celles des zones plus chaudes : amaryllis et autres semblables.

D'Azib-Zamoun à Delhys, des groupes de fermes comme Kouanin, ou des hameaux kabyles sont cachés dans des bouquets de gros cactus, dont les larges feuilles plates les abritent du soleil. Des bandes d'hommes, roulés dans leurs burnous, dorment le long de la route. Un grand pont de 200 mètres traverse le Sebaou (oued secco), comme nous appelons toutes ces rivières à sec, puis deux villages : Ouled-Keddach et Ben-Héhoud, l'un italien, l'autre alsacien ; leurs habitants ne se fréquentent jamais, faute de se comprendre, malgré la faible distance de cent mètres qui les sépare. Nous rencontrons quelques tribus de Berbères, aux yeux bleus et cheveux roux, preuves manifestes de leur origine etrusco-phénicienne, comme les blonds de Venise révèlent leur descendance des Vénétes-Celtiques, lorsque ceux-ci, écrasés par Brutus (Junior), en Bretagne, repassèrent le détroit pour aller fonder la ville des Lagunes.

M. Henri Martin a lui-même reconnu, au Congrès, que chez les Kabyles, au milieu d'une population brune, en majorité, se rencontre partout une minorité blonde aux yeux bleus, *descendants des Celtes* peut-être mélangés à des restes de Vandales. Il considère deux races chez les Berbères et fait remonter aux âges préhistoriques les bruns aux cheveux noirs.

De son côté, M. de Quatrefages a cru retrouver chez

les blonds des Canaries les caractères de l'homme quaternaire de Cro-Magnon ; il ne faut donc pas, comme le dit très judicieusement cet éminent zoologiste, se contenter d'interroger l'histoire et l'archéologie pour arriver à la connaissance de l'origine des races, on doit encore consulter l'ostéologie, afin de pouvoir relier l'espèce humaine à l'homme géologique...

Le blond doré, si cher aux artistes, était la propre couleur des cheveux du Christ. Si l'on en juge par la note jointe au fameux médaillon d'albâtre du Vatican, exécuté d'après nature pour l'empereur Tibère par un sculpteur romain envoyé à Jérusalem, le roi des Juifs joignait à un profil très remarquable une chevelure couleur de *feuille de vigne dorée par le soleil*....

Bientôt nous arrivons à Delhys, ville possédant à défaut de port un bon mouillage et, comme fortifications, une muraille continue derrière laquelle les femmes se défendirent bravement lors de l'insurrection de 1871. De hautes terrasses avec escaliers à plusieurs étages mettent d'un côté la ville en communication avec la mer et, de l'autre, mènent aux quartiers arabes, composés de ruelles étroites, de maisons blanchies à la chaux, inclinées l'une sur l'autre et soutenues par des poutrelles décorées de treilles d'un effet très pittoresque.

En avançant vers l'est, Bougie, construite sur le flanc du mont Gouraïa, présente de loin un groupe gracieux d'habitations noyées dans les jardins de figuiers, d'orangers et de grenadiers ; on dirait les feuillets d'un éventail, dont les diverses scènes se déroulent à mesure qu'on le développe. Ville importante autrefois, elle a conservé à peine sept ou huit des vingt-quatre quartiers existant au moment de la conquête.

Sa vieille enceinte sarrazine a été rasée, seule l'arche

de Fathma ou des Pisans est restée debout, et l'on y voit encore l'emplacement de la lourde porte dont le bruit s'étendait de Djidjelli, suivant le dire des Arabes, quand les ferrures massives grinçaient sur les gonds, au lever et au coucher du soleil.

Sans nous arrêter plus longtemps à ces villes qui ont tout perdu de leur caractère artistique, nous continuons vers Sétif, suivant une route de l'aspect le plus séduisant.

Nous traversons des maquis de pistachiers, d'alaternes, d'arbousiers, d'oliviers, de chênes verts, de callitris ; de loin en loin, des bouquets de myrthes et de lauriers mêlent leurs suaves fleurs blanches et roses aux corolles empourprées du grenadier sauvage ; puis l'halfah et le diss couvrent de tapis de verdure les clairières semées çà et là entre les épais fourrés. Des dames, qui se sont jointes à nous, font de leur guide Joanne un herbier en miniature inscrivant sur chaque page le nom de la plante desséchée.

Au chemin de la forêt succède une route bordée de ricins aux thyrses cramoisis entremêlés de ces acacias dont le léger feuillage se ferme aux abords de la nuit.

Nous approchons du Châbet ; le paysage change complètement d'aspect ; plus nous nous engageons dans la montagne et plus les gorges se resserrent. Des vautours décrivent de grands cercles au-dessus de nos têtes ; des roches groupées en masses menaçantes surplombent un ravin au fond duquel l'Oued-Agrioun roule en mugissant de chute en chute. Sur les blocs arrachés de la montagne et semés dans le torrent, des oiseaux aquatiques, abrités sous les touffes des roseaux, fuient précipitamment à notre approche ; des bandes de singes s'ébattent à l'ombre des futaies suspendues sur l'abîme, et des nuées de palombes voltigent autour des cavernes inaccessibles qui leur servent d'abri.

Quelquefois, la route taillée dans le tuf calcaire forme deux murailles gigantesques, dont le faîte, perdu dans les nuages, intercepte la lumière du soleil; souvent aussi, une cascade vient interrompre la route, tombant avec fracas dans le gouffre creusé à la longue sous le lit du torrent.

Les gorges du Châbet-el-Akhra surpassent de beaucoup celles de la Chiffa et de Palestro. Elles produisent une impression profonde, et je ne me souviens pas avoir vu rien de plus sublime, soit dans nos montagnes de France; soit en Italie, aux Apennins; en Suisse, dans les Alpes, même bernoises; en Ecosse, aux Highlands; en Espagne, aux Pyrénées cantabriques, aux chaînes Ibériques, ou de la Sierra-Morena; ni aux montagnes bleues des Alleghanys. Il serait toutefois possible que l'impression du moment eût altéré le souvenir de voyages déjà lointains; mais, comme je parle de gorges et non de montagnes bien autrement importantes que celles-ci, je crois rester dans la note vraie en maintenant ce que j'ai dit.

Dans cette partie de la Petite-Kabylie, nous rencontrons quelques villages: Takitount, El-Ouricia présentent un certain intérêt par leurs sources minérales gazeuses; les unes carbonatées, les autres ferrugineuses; on les expédie sur tous les points de la province.

## XXV

Sétif. — Les Tatouages des femmes arabes. — Séquestres des douars arabes. — Le Docteur Magitot. — Constantine. — Un Repas à l'arabe. — Chasse aux Vautours. — Le Jeu des trois coquilles. — Les Eaux de Sidi-Mécid. — Source thermale de Bourmat-el-Rabat. — Bains des Mauresques.

Sétif, situé à plus de mille mètres au-dessus du niveau de la mer, est une ville moderne élevée sur l'emplacement de l'ancienne Sitifis, chef-lieu de la Mauritanie Sitifienne; elle est bien fortifiée et renferme des établissements militaires d'une grande importance.

A l'entour, les terres sont cultivées avec soin; il n'en est pas de même le long de la route qui relie Sétif à Constantine, passant par El-Guerra. De loin en loin, de misérables gourbis abritent quelques familles indigènes installées là on ne sait pourquoi.

Devant la porte d'une de ces maisons, cinq femmes arabes couchées au soleil suivent des yeux leurs deux maris occupés dans la plaine; elles sont à peine vêtues, et cependant de superbes bracelets en argent massif ornent leurs bras et leurs chevilles. Elles ont au front des signes de tatouage et portent aux oreilles de ces immenses anneaux si singuliers par le caractère étrange qu'ils donnent à la physionomie. Ces femmes nous regardent d'abord avec effroi, puis peu à peu se décident à nous approcher; elles nous laissent même toucher leurs jolis bijoux nous faisant comprendre par gestes qu'elles sont prêtes à les échanger contre de l'argent.

A l'intérieur du gourbi, un enfant emmailloté enfumé comme un jambon, est suspendu par une corde aux branches soutenant le toit; une simple natte remplace les moelleux tapis sur lesquels repose le riche tout habillé, car on le sait, le musulman conserve la nuit ses vêtements; près d'un coin obscur, trois sloughis dévorent un reste de kouskoussou déposé dans une jatte de bois.

D'autres femmes viennent à passer; comme les précédentes elles se font remarquer par les lignes bizarres qui sillonnent leur visage.

Dans un intéressant mémoire sur les *mutilations ethniques*, le docteur Magitot indique la manière dont se pratiquent ces singulières opérations; il reconnaît trois principaux modes de procéder au tatouage: par piqûre, par incision cicatrisée, par ulcération ou brûlure. Il range dans le premier les Arabes, les Kabyles, les Egyptiens et une multitude de peuplades de l'Afrique, de l'Océanie, de l'Asie et de l'Amérique; mais il y aurait à faire une autre étude plus urgente: celle des différents dessins, combinaisons de lignes et colorations.

En effet, les tatouages sont bien certainement des signes symboliques, sorte d'écriture secrète remontant aux premiers âges; par leur caractère souvent immuable et traditionnel, ils pourraient fournir de précieux documents sur les grandes migrations humaines, et c'est à ce point de vue qu'il serait si utile de les relever avec soin, et au plus vite, car ils tendent tous les jours à disparaître.

A mesure que l'on approche de Constantine, les caravanes se rendant à la ville deviennent plus fréquentes ; les hommes ont des allures que nous ne leur avons pas trouvées jusqu'ici : ils semblent nous considérer avec hauteur ; on voit que les événements de Tunisie les préoccupent.

En Algérie, il n'y a pas à se le dissimuler, la colonisation ne peut marcher sans l'égide tutélaire du soldat.

*Ense et aratro*, disait le grand maréchal, et il avait raison, car, si la troupe vient à s'éloigner, même momentanément, comme il arrive aujourd'hui pour les renforts dirigés sur le théâtre de la guerre, l'Arabe relève soudain la tête. Ancien propriétaire du sol, il est l'épée de Damoclès perpétuellement suspendue au-dessus du colon envahisseur.

A la suite de l'insurrection de 1871, on a mis sous séquestre un grand nombre de terres ; plusieurs familles se sont vues réduites à quitter leurs domaines, mais beaucoup de douars sont restés attachés à leurs pénates tout en étant dans l'impossibilité de se suffire par la culture.

N'eût-il pas mieux valu limiter et restreindre le séquestre de ces gens coupables, il est vrai, mais dont l'entraînement était le fait d'un chef fanatique, et leur laisser au moins de quoi vivre autour d'eux, leur enlevant ainsi tout prétexte à revendications et à une existence d'expédients ?.....

Constantine, ville de près de 40,000 âmes, est bâtie sur une presqu'île dont rien à première vue ne fait supposer l'existence. Au milieu d'un plateau de 5 à 600 mètres d'élévation, une crevasse circulaire dans le sol a produit un profond ravin, au bas duquel l'Oued-Rummel roule ses eaux fangeuses. Elles diminuent lentement, mais d'une façon constante depuis la conquête. Au centre de la plate-forme, les murailles des maisons groupées sur le roc à pic forment une enceinte absolument inaccessible.

Au dedans, des rues étroites, tourmentées, sinueuses, des impasses tortueuses; des ruelles à peine abordables, mais pleines de caractère, rappellent d'une façon plus accusée encore le labyrinthe de la kasbah d'Alger.

De petites boutiques enchevêtrées l'une dans l'autre, ou entassées pêle-mêle, servent d'étalage aux industries les plus diverses, aux marchandises les plus disparates : le forgeron, les fruits, le barbier, la volaille, les poteries, les paniers, le boucher, le tailleur; puis des quartiers entiers de fabricants de chaussures, car toute la province vient s'approvisionner ici; des rues de mégissiers, de tanneurs, de teinturiers, de selliers, de corroyeurs, de chamoiseurs; des cafés aux salles enfumées; des restaurants avec montagne de kouskoussou pour enseigne; enfin une quantité d'échoppes sans nom où la lumière semble pénétrer à regret; d'autres, complètement obscures, ou éclairées en plein jour par des lanternes en papier de couleur; toutes regorgent d'acheteurs, d'oisifs, de consommateurs en plein vent, encombrant les ruelles, heurtés sans cesse par les gens qui passent : Arabes, chargés de bois; Kabyles portant une outre d'huile ou des mesures de blé; Maures, Biskris courbés sous la koulla pleine d'eau; colporteurs, juives, musiciens ambulants, mauresques au voile bleu, négresses roulées dans le haïk, en un mot une fourmillière exotique dont rien ne peut donner l'idée.

Une longue rue droite traverse ces quartiers si pittoresques et va rejoindre la partie européenne. Pour tracer cette voie soi-disant hygiénique, une édilité animée d'un zèle insensé n'a pas hésité à détruire le type le plus précieux qui fut en Afrique d'une vieille cité berbère, mutilant ces curieuses maisons élevées sur les assises romaines, et faites de pisé et de briques durcies au soleil; les gracieuses arcatures de pierre; les fenêtres à moucharabieh, charmant souvenir de l'Orient; les portes finement ciselées, surmontées de la main protectrice; les anciennes murailles sarrazines, ainsi que des édifices remontant aux périodes vandale et romaine; enfin saccageant ce qui avait résisté depuis des siècles aux attaques du temps et des Barbares.

Cette ville, tour-à-tour capitale de Syphax, de Massinissa, d'Adherbal, de Juba, et chef-lieu de la Numidie, méritait certes plus d'égards; elle n'a pu trouver grâce devant le conseil, et nous nous estimons heureux que nos modernes iconoclastes aient bien voulu nous conserver encore ce qu'il en reste.

Aujourd'hui de très érudits archéologues ont fait de Constantine un remarquable centre intellectuel; ils nous ont prouvé par leurs savants mémoires tout l'intérêt qu'ils portent à cette belle province de l'Est, si riche en souvenirs du passé; aussi, nous faisons appel à toute leur sollicitude pour la conservation de la vieille cité; nous sommes convaincus qu'ils sauront employer leur haute influence à la préserver de nouvelles et inutiles mutilations.

En quittant le quartier arabe, je me dirigeai vers le grand marché, où l'on voit en profusion des denrées, vendues à des prix très modérés : 40 centimes le kilo de pois, la douzaine d'artichauts, 25 centimes ; 50 centimes les 12 oranges; les nèfles, 30 centimes la livre ; les grosses courges, 5 centimes la pièce; les fèves, 15 centimes le kilogramme. Du reste, la vie n'est pas chère ici.

Ce matin, j'ai déjeûné à un établissement indigène pour 35 centimes, et, malgré la modicité du prix, je n'ai pu réussir à consommer ma portion entière. Il y avait 10 centimes de bon pain blanc, et 25 centimes d'un immense plat de kouskoussou, décoré de deux morceaux de mouton bouilli, de huit grosses fèves, et pimenté de la belle façon; aussi je ne cessais de boire à même une jolie cruche de terre mitoyenne entre moi et un Arabe.

Mon voisin, kabyle de distinction, était encore plus sobre que moi, car son repas coûtait 15 centimes seulement, au lieu de 35, et consistait en une jatte de lait caillé, dans lequel il trempait son pain. On fait vite connaissance en voyage, et, après quelques instants, je le traitais en ami, échangeant avec lui moitié de ma portion contre une orange enfouie au fond de son capuchon.

Pendant ce temps, les touristes se mettaient en quête d'un grand hôtel et y déjeûnaient somptueusement avec les mets favoris de nos gargotes parisiennes: rognons, foies (pas de Strasbourg) et autres viscères; plats dont je n'ose même pas prononcer le nom, à la mode de Caen: glandes et muqueuses à toutes sauces; heureux de pouvoir goûter en compagnie de commis-voyageurs le confort effréné des premières tables d'Algérie.

Et c'est un fait digne de remarque, je n'ai jamais rencontré en voyage un Français cherchant réellement à s'instruire; il doit pourtant y en avoir. Tout au contraire, ils se mettent en quête de ce qui rappelle leur pays; évitant les indigènes à l'étranger, ils ne fréquentent que leurs compatriotes; s'ils arrivent quelque part, ils courent au meilleur hôtel: il leur faut le bon lit, la bonne chère; ils fuient surtout la couleur locale, tout en l'étudiant avec soin dans le guide, afin de pouvoir en parler longuement à leur retour. Ces gens-là ne voyagent pas, ils se promènent à travers le monde.

. . . . . . . . . . . . . . . . . .

Le paysage autour de Constantine est désolé; on dirait le royaume de la Mort.

De grandes montagnes dénudées bordent, au loin, l'horizon; des nuées de vautours au crâne chauve, comme les collines, des gypaètes, des cathartes, des aigles, des milans, des corbeaux tournent sans cesse au-dessus des rochers dont ils se rapprochent le soir pour y chercher un gîte. Leur vol est très élevé, et j'eus beaucoup de peine à en tirer quelques-uns, mais le plomb produisait peu d'effet; vu la distance et la raideur de leur plumage, je fus obligé de glisser des chevrotines dans les canons de mon fusil. J'en démontai ainsi trois ou quatre, au grand étonnement des Arabes accourus sur les remparts au bruit de la fusillade. Un aiglon, entre autres, était tellement courageux qu'il nous faisait tête, derrière chaque buisson, présentant ses serres terribles et se précipitant avec furie sur mon compagnon, au moment où il allait s'en emparer. Je parvins néanmoins à m'en rendre maître, en lui jetant le burnous sur la tête. Tout en le poursuivant, nous étions arrivés à un chemin escarpé, et, de là, sous une voûte naturelle; je commençais à m'y engager quand je rencontrai quatre personnes, trois Arabes et un étranger, qui, à ma vue, se mirent soudain à fuir dans deux directions opposées.

— Qu'est-ce cela? dis-je à un ouvrier paisiblement assis sur le bord du sentier.

— Ce sont des voleurs à la coquille; ils viennent de *plumer* un Anglais et ils se sauvent.

— Comment! un Anglais à plumes! expliquez-vous, je ne connais pas du tout cet oiseau.

— Pardon, monsieur, plumer veut dire dépouiller.

— Ah! parfaitement, eh bien, vous voyez des voleurs et vous ne les arrêtez pas?

— Je m'en garderais bien; je sais qui ils sont et si je les rejoignais, ils me donneraient un mauvais coup, car ils sont armés jusqu'aux dents.

— Je croyais tout Arabe passible de 50 francs d'amende quand il sortait avec un fusil, même ayant la permission d'en posséder un chez lui, que, m'a-t-on dit, l'administration numérote, par mesure de précaution.

— C'est juste, monsieur, aussi portent-ils des armes cachées.

— Mais que signifie le vol à la coquille?

— Voici comment il se pratique: au passage d'un étranger à la figure ingénue, un des Arabes prend trois coquilles de noix; il les retourne et place ostensiblement sous l'une d'elles une pièce de monnaie, un franc. Le joueur, interpellé, désigne avec assurance la coquille recouvrant la pièce, car il ne la quitte pas des yeux, il parie même une grosse somme, puisqu'il croit être sûr de gagner; mais le rusé indigène escamote le franc avec dextérité et le tour est fait.

Courir après les Arabes était bien difficile; ils avaient disparu à travers les rochers et les bois dont ils connaissaient seuls les secrets détours, et puis ce n'était pas notre affaire; je continuai ma route et j'atteignis l'insulaire; il ne parlait pas un mot de français, la langue arabe lui était aussi totalement inconnue; cela ne faisait rien à la chose, il y a tant de petits jeux qui se peuvent faire dans le silence.

En vain je lui expliquai le guet-à-pens dont il avait

été victime, je ne pus arriver à le convaincre, il ne voulait absolument pas avoir été volé.

— Mais enfin, combien avez-vous perdu ?

— *Three pounds, no matter*, me répondit-il d'un air indifférent.

— Trois livres ! soixante-quinze francs !

— Peste ! et il dit que ce n'est rien. Heureux Anglais, va !

Nous marchons encore une heure environ, suivant le sentier taillé dans le roc, franchissant des ponceaux jetés sur des cascades ; puis, traversant le Rummel en sautant d'un rocher sur l'autre, nous atteignons l'établissement thermal de Sidi-Mécid, composé de quatre belles sources d'eaux sulfureuses, alcalines et ferrugineuses de 33 degrés de chaleur ; elles sortent de grottes cachées sous des bosquets et tombent dans des piscines naturelles.

L'une de ces sources, exploitée déjà au temps des Romains, le Bourmat-el-Rabat, est le rendez-vous des mauresques et des juives. Elles y viennent tous les mercredis faire leurs dévotions et se baignent après avoir jeté dans la piscine des gâteaux de farine et de miel nommés *tomina* ; elles y tuent également les poules traditionnelles purifiées, au préalable, sur des réchauds où brûle l'encens.

N'est-il pas singulier que le mercredi, jour rappelant chez nous Mercure, messager des dieux, soit choisi par les Mauresques pour porter leurs messages aux génies, plus ou moins protecteurs, chargés de veiller sur leurs existences ?

Les noms des planètes appliqués aux jours de la semaine nous viennent sans nul doute des Egyptiens, et cependant mercredi, en Arabe, n'a aucun rapport avec Mercure, de même les noms de mardi et lundi diffèrent essentiellement de ceux de mars et lune; le vendredi est également dédié à Vénus et réservé par les femmes arabes aux repas funéraires des morts aimés; or, ces deux mots, vendredi et Vénus, n'ont aucune ressemblance entre eux dans la langue du pays.

Je reviens, le soir, à Constantine où je fais ma malle à la hâte; du reste, ce n'est pas long; en voyage, je n'emporte jamais que juste le nécessaire.

Il me tarde de gagner le désert, les communications peuvent être coupées par les opérations de la guerre, d'un moment à l'autre... on le craint, et alors... comment faire?

## XXVI

Vallée de Bou-Merzoud. — Les Mégalithes, pierres celtiques; origines et distribution de ces édifices. — Le Médra'cen, mausolée des Rois de Numidie. — Batna. — Ville romaine de Lambœsis. — Ascension du Tougourt. — Forêt de cèdres dans l'Aurès. — Incidents de voyage.

La route allant de l'antique Cirtha à Batna ressemble à celle venant de Sétif: paysages désolés, terres arides ; l'herbe même n'y pousse plus. Quelquefois un olivier étend son triste ombrage sur la campagne déserte, chapelle funèbre d'un cimetière immense. Cependant, à la hauteur du Kroub et des Oulad-Ramoun nous pénétrons dans une riche vallée nommée Bou-Merzoud, de près de cinquante mille hectares d'étendue.

Plus loin, et à peu de distance de la route, jaillissent des sources assez volumineuses pour former une rivière à la sortie de la roche calcaire; sur les pentes de la montagne une multitude incroyable d'édifices mégalithiques profilent leurs grands blocs noircis dans un espace de plusieurs kilomètres.

Construits avec la pierre locale, ils sont généralement entourés d'une petite enceinte circulaire, quelquefois carrée de cinq à six mètres de diamètre, véritable cromleck à proportions restreintes, ayant des assises disposées en lit et non fichées debout. Dans ces dolmens le nombre des supports varie comme celui des tables : quelques-uns sont géminés.

M. le marquis de Montebello en a même signalé un entouré de six autres moins élevés. L'absence de buttes tumulaires et la faible dimension de ces dolmens (2 à 4 mètres) exclut l'idée d'allées-couvertes ou de sépultures successives.

Je ne détaillerai pas ces monuments : avec des proportions moins grandioses, ils sont semblables à ceux que nous possédons en Bretagne, en Normandie, et dont j'ai longuement parlé au livre de l'*Art préhistorique dans l'Ouest* (Evreux, Société libre de l'Eure). Je désire seulement expliquer en quelques mots la co-existence en Barbarie aussi bien qu'en Europe, en Amérique du Sud, en Asie et même dans l'Inde, de ces édifices.

La théorie biblique, reconnaissant l'humanité une jusqu'à Babel, dit que Japhet alla au centre de l'Asie, Cham, le chaud, en Egypte, et Sem, vers l'Occident.

L'Ecole historique moderne soutient au contraire que Japhet peupla l'Occident, et elle donne pour preuves les nombreuses racines sanskrites qui se retrouvent dans le celte, le teuton, le lapon, le grec, le latin, en un mot, dans toutes les langues de l'Occident ; or, nous empruntons encore ici l'autorité du baron de Moyecque pour affirmer ceci :

Les recherches sur nos origines nationales, par l'étude comparée des langues antiques, amènent à ce résultat important à savoir que les racines des idiomes de l'Occident, attribuées par l'Ecole moderne au sanskrit, se trouvent également dans la langue parlée aujourd'hui encore aux Highlands, dans l'île de Man et l'Irlande.

Cet idiome est de la plus haute antiquité, et il est facile d'en démontrer l'origine phénicienne, par cette preuve irrécusable que ladite langue celtique de l'Irlande est la seule qui, prise pour clé, ait pu servir à traduire les célèbres inscriptions dites *Tables d'Eugubio*, découvertes à Eugubio, duché d'Urbino, en 1544, et restées intraduisibles jusqu'à nos jours malgré les tentatives de tous les savants au moyen du sanskrit, du grec, du latin et de l'hébreu.

Ces mystérieuses inscriptions si controversées sont le récit de la découverte de l'Irlande par les Phéniciens partis du Cap d'Ortégal (ou des trois coteaux) en Espagne pour un voyage vers le Nord, exécuté avec la boussole bien avant sa prétendue importation en Europe par Marco Polo.

Cette preuve si importante et si imprévue de la conquête et de la civilisation du West-Europe par des colons phéniciens, fondateurs de la colossale Confédération celtique, qui eut la gloire de résister aux Romains eux-mêmes, après la chute de la mère-patrie, Tyr et Carthage, et la grande similitude des noms de diverses localités de l'Amérique avec des mots ou des noms celtiques, porte même à croire qu'une étude comparée des vieux idiomes du continent américain pourrait fournir des preuves complémentaires des vastes conquêtes des dits Phéniciens et Etrusco-Phéniciens, *d'origine sémitique*, jusque dans le Nouveau-Monde.

Or, les monuments mégalithiques d'Afrique par leur ressemblance avec ceux de Bretagne, d'Ecosse, d'Irlande et tant d'autres lieux, doivent être attribués aux Phéniciens ou à leurs colons, puisqu'ils jalonnent la route suivie par ces hardis navigateurs.

Les menhyrs sont les bornes milliaires des conquêtes

phéniciennes, comme les dolmens sont les tombeaux de leurs guerriers; et les signes cryptographiques découverts en maints endroits sont la manifestation d'une religion unique, semblable entre les Phéniciens d'Afrique, ceux d'Europe et ceux du Nouveau-Monde, sorte de langage sacerdotal appliqué à des monuments d'un caractère uniformément religieux.

Après les mégalithes, nous rencontrons dans ce pays cher aux archéologues le Médra'cen situé à deux lieues d'Aïn-Yacount, sur lequel je désire appeler l'attention. Ce superbe édifice, composé de blocs taillés, superposés en gradins, forme une pyramide conique, d'une hauteur de près de dix-neuf mètres, sur cinquante-neuf de diamètre à sa base et onze à la plate-forme supérieure.

Moins élevé que le Kobr-er-Roumia, il paraît plus ancien d'environ deux siècles; néanmoins, il est mieux conservé, il renferme à l'intérieur une chambre sépulcrale située au centre de l'hypogée, à laquelle on arrive par une galerie avec palier et marches ; au dehors, une rangée circulaire de colonnes engagées occupe le pourtour au-dessous des gradins, au nombre de vingt-quatre.

Le Médra'cen, on le suppose, fut édifié par Massinissa, roi de Massylie, en Numidie. Sa ressemblance frappante avec le Tombeau de la Chrétienne indique certainement une identité d'origine, et nous nous rangeons volontiers à l'opinion de M. O'Mac-Carthy, d'après qui l'un serait le mausolée des rois de Numidie, et l'autre celui des rois de Mauritanie.

En quittant le Médra'cen pour regagner la route de Batna, on laisse les Hauts-Plateaux et l'on s'engage dans la vallée de l'Oued-el-Harrar, conduisant à cette ville.

Malgré de nombreuses sources, ces plaines immenses

sont littéralement desséchées. On croirait que le simoun (vent du désert) a passé par ici. Au dire des habitants, Batna devrait être entourée à cette époque d'un tapis de verdure et de fleurs; ils ajoutent, il est vrai, qu'il a plu à peine depuis cinq ans. Il est aisé de s'en convaincre, car, pendant douze ou quinze kilomètres, nous n'avons rencontré qu'un seul arbre couvert, en guise de feuillage, de beaucoup de poussière et d'une quantité de rubans fanés, de débris de burnous et de haïks accrochés aux branches par les pieux pèlerins, en mémoire d'un saint Marabout qui s'est assis un jour à son ombrage. On fera un vœu sous cet arbre, et il sera sûrement exaucé.

C'est encore un rapprochement avec le culte forestier de nos ancêtres, les Gaulois, et l'on retrouve cette coutume jusqu'aux confins de l'Inde et de la Malaisie, où les Hindous entourent d'une vénération légendaire certains arbres dans lesquels ils construisent même des pagodes, tel que le figuier des Banians et autres.

Batna date de trente ans et a déjà été détruite une fois, lors de l'insurrection de 1871. Chef-lieu d'une division militaire, elle renferme une garnison de deux mille hommes, défendue par une bonne muraille que protège un fossé.

Les rues présentent une grande animation et sont accentuées d'une façon toute pittoresque par les nombreux uniformes qui s'y croisent sans cesse avec les costumes si variés de l'Orient; burnous rouges des spahis; turcos vêtus de bleu; chasseurs, indigènes, Arabes drapés de blanc; caïds en brun; Juifs à la mise étriquée; Turcs à la culotte bouffante relevée d'une écharpe de couleur voyante, et la tête ornée d'un monstrueux turban; Maures à la démarche hautaine, Kabyles à peine vêtus de quelques lambeaux d'étoffe; M'zabis,

Biskris et, comme contraste à ce tableau, quelques rares Européens accoutrés de la façon la plus fantaisiste.

Nous eûmes bientôt vu les curiosités de la cité naissante; aussi, nous fîmes-nous conduire le jour même à Lambessa, distante de douze kilomètres environ, et siège d'une colonie pénitentiaire. Elle fut, autrefois, le quartier général de la troisième légion romaine; ses ruines couvrent aujourd'hui une étendue de six cents hectares.

Rien de triste comme cette vaste solitude dans laquelle le pied se heurte à des débris de toutes sortes: fûts de colonnes, fragments de frises, pierres tumulaires sarcophages, statues brisées. Quelques pans de murs, épargnés par le temps, les Vandales et les Arabes, représentent le prétoire, le temple d'Esculape, le cirque un aqueduc, des bains, un grenier d'abondance où l'on recueille encore du grain calciné; puis des mosaïques dont les collectionneurs emportent chaque jour les petits cubes; des voies romaines et des portes ; il en subsiste quatre sur les quarante qui se voyaient encore, il y a cent ans.

Actuellement, on restaure le prœtorium, avec le goût douteux de cette école que l'on a vue à l'œuvre; repassant des chaînes entières de pierres neuves, taillées à grands frais, quand il n'y avait qu'à se baisser, pour relever les anciennes assises, tout appareillées, et couvertes en plus de la précieuse patine du temps. Un Arabe en burnous bleu, perché immobile sur un bloc, comme le héron des étangs, trône au milieu de l'antique Lambœsis; c'est le gardien de la cité éteinte.

En rentrant à Batna, je fus fort surpris à la vue d'un groupe d'Arabes très animés, gesticulant à la porte de l'hôtel; une gerboise venait de pénétrer dans la ville et passait affolée dans la rue, poursuivie par vingt indigènes. Naturellement, je courus comme tout le monde, avec l'espoir de m'en emparer, mais la bête faisait des bonds énormes, repliant sous elle sa jolie queue dont elle se servait comme d'un ressort, lançant ses pattes de derrière démesurément longues, à la manière du Kanguroo; finalement, elle nous échappa.

Pendant la nuit, nous entendîmes aussi les glapissements de chacals descendus des montagnes de l'Aurès, je crus même un moment distinguer dans leurs cris le chant du coq, que ces animaux imitent, dit-on, pour attirer les poules.

Le lendemain de bon matin, je fis venir deux mulets et deux guides et nous nous dirigeâmes vers le pic du Tougourt, afin de visiter la grande forêt de cèdres très remarquable, au dire de touristes qui y étaient allés la veille. La route n'était pas gaie, aussi nous hâtions le pas de nos montures; nous arrivâmes ainsi à une maison où nous mîmes pied à terre pour faire boire nos bêtes.

— Où suis-je ici ? demandai-je à une femme qui lavait à la fontaine.

— Monsieur, c'est la maison du garde.

— Eh bien! et la forêt, où donc est-elle, je ne vois que des crêtes dénudées ?

— A six kilomètres en suivant la route.

— Comment, six kilomètres ! A propos, dites-moi, n'est-il pas venu des voyageurs, hier.

— Oui, monsieur, ils étaient en voiture et sont descendus ici, disant au cocher qu'il était inutile d'aller plus loin.

— Qu'ont-ils donc fait, ces voyageurs ?

— Ils se sont bien rafraîchis et m'ont prié de leur décrire la forêt, de leur indiquer la grosseur des plus beaux arbres; puis, l'un d'eux a pris des notes et ils sont retournés à Batna, ajoutant qu'il leur suffisait d'avoir vu la maison du garde.

Je reconnus là mes touristes.

Nous montâmes longtemps encore avant d'apercevoir les premières traces de verdure; peu à peu l'herbe apparut, puis de petits arbres, genévriers et cèdres, grandissant à mesure que nous avancions sous bois, phénomène étrange, car, partout, on le sait, la végétation décroît en raison de l'altitude. Enfin, arrivés avec beaucoup de peine au faîte de la montagne, nous pûmes contempler de ces belles cîmes aux rameaux étalés, planant sur la vallée comme de monstrueux aigles.

Nous étions à plus de deux mille mètres d'élévation, dominant du haut de Tougourt toute la chaîne des crêtes de l'Aurès.

Cependant, les Arabes se plaignaient depuis quelque temps, demandant à retourner vu la longueur du trajet. Je jugeai à propos de faire une halte, et, ayant mis pied à terre, nous ne tardâmes pas à sommeiller, car nous étions harassés de fatigue. Il y avait bien vingt minutes que je dormais profondément, quand tout à coup il me sembla entendre un bruit singulier, presque sinistre. Je me réveille en sursaut et j'aperçois un de nos guides occupé à aiguiser sur une pierre de serpentine, suspendue à son cou, un long coutelas (*flissa*) qu'il venait de sortir de sa gaîne; penché sur son arme et absorbé par son travail, il ne pouvait me voir.

— Attention! dis-je tout bas à mon compagnon, après m'être glissé jusqu'à lui, rampant comme une couleuvre; atteignez doucement votre revolver; défilez votre baguette, et quand j'armerai le mien, vous en ferez autant et vous guetterez mon signal. Surtout, de la prudence et pas de faiblesse.

Enfin, voici un fauve! mais quelle veine! quelle chance inespérée!

— Dis donc, l'Arabe, pourquoi fais-tu comme ça: *kiss, kiss, kiss*! Veux-tu m'expliquer ça, hein?

Le Berbère parut décontenancé, car il nous croyait bien endormis; toutefois, il se remit aussitôt, et relevant la tête:

— Tu vas le voir, dit-il, me fixant d'un air de défi.

A peine a-t-il achevé qu'il bondit comme une panthère.

— Armez! criai-je, mais ne tirez pas!
et se précipite sur.... son camarade; puis, d'une main, brandissant son yatagan, de l'autre, il fait sauter au loin son turban et.... se met à lui raser les cheveux.

Qu'est-ce qui le fut aussi rasé, mais là, complétement?

On le devinera sans peine.

. . . . . . . . . . . . . . . . . . . . . .

Il serait néanmoins possible que, nous voyant armés, ces hommes rusés aient cherché à nous donner le change par une très habile manœuvre.

En effet, les Arabes éprouvent une véritable frayeur à la vue de nos armes perfectionnées; c'est pour eux le seul côté réellement pratique d'une civilisation qu'ils s'accordent tous à réprouver.

Il me revient qu'étant dernièrement dans une diligence remplie d'indigènes, un de mes voisins, mis en belle humeur par nos joyeux propos, se hasarda à m'exhiber de dessous son burnous un grand diable de pistolet qui n'en finissait pas; il avait bien deux pieds de long; sa batterie à pierre remontait certainement aux premiers temps de l'occupation turque. L'Arabe, en me regardant d'un air de protection, traduisait sur son visage l'expression hautaine de l'homme qui se sent fort.

— Cache, cache vite cela ! lui dis-je avec une feinte terreur, je n'aime pas à voir de si près ces sortes d'engins ; puis, faisant signe à mon vis-à-vis, nous sortons précipitamment nos deux revolvers à six coups ; douze morts au lieu d'une : il n'en fallait pas tant, et le pauvre Arabe, pâle comme un suaire, retourna sa tête livide qu'il incrusta dans l'angle de la voiture, et ne dit plus un mot.

. . . . . . . . . . . . . . . . . . . . .

La descente de la montagne s'effectua moins aisément que l'ascension ; toutefois, je voulus auparavant toiser quelques-uns des plus beaux arbres : l'un mesurait 1 mètre 90 de diamètre à cinq pieds du sol, puis deux, poussés sur le même pied, atteignaient 1 mètre 10 et 2 mètres 12, c'est-à-dire 6 mètres 86 de circonférence sur une hauteur d'environ 15 mètres.

Cette dimension se rapproche de celle des plus gros cèdres de la belle forêt de Teniet-el-Hâd, dans la province d'Alger ; l'un d'eux, la Sultane, toise 2 mètres 60 ; un autre, le Sultan, un peu plus volumineux, fut abattu en 1878 ; une de ses billes a figuré à l'Exposition universelle. Ces arbres paraissent très vieux ; ils portent à peine cinq ou six gros bras, formant une large couronne sur le sommet de leur tronc dénudé, et sont tous beaucoup moins pittoresques que notre beau cèdre du Liban, introduit au Jardin-des-Plantes en 1734 par le célèbre B. de Jussieu.

J'ajouterai, cependant, que des deux jeunes sujets remis à notre grand botaniste par le docteur anglais, Collinson, celui qu'il planta dans le parc de Montigny-Lencoup (Seine-et-Marne) l'emporte aujourd'hui de beaucoup sur son frère jumeau du Jardin-des-Plantes. Il ne mesure pas moins de 8 mètres 30 de circonférence sur une hauteur de 32 mètres.

Les habitants de Montigny, lors du morcellement du domaine de Trudaine, en 1854, ont eu l'esprit de soustraire cet arbre géant au vandalisme de la bande noire, en se cotisant pour acheter les mille mètres carrés de terrain qu'il couvre de son ombrage. Honneur à ces intelligents conservateurs !

Au Liban même, si remarquable station de cèdres, il ne reste qu'un très petit nombre d'arbres séculaires ; la haine des Druses les a mutilés ou détruits, comme la population maronite.

*Le Cedrus atlantica*, très voisin du *libani*, végète vigoureusement dans nos cultures de l'Ouest de la France ; parfaitement acclimaté depuis trente ans, il a su résister aux vingt-sept degrés de froid du terrible hiver de 1879.

Nous arrivâmes tard à Batna, car les sentiers de la forêt étaient encombrés d'Arabes descendant la montagne avec de fortes charges de madriers de cèdres, disposés en forme de toit, sur le dos d'un âne, et entravant sa marche par leur longueur démesurée. Pour nous livrer passage, il fallait peser sur l'une des extrémités de la charge, en faisant virer planches et âne comme un tourniquet.

Dans la ville, nouvel embarras. Des masses de touristes obstruaient la rue, prenant d'assaut les diligences de Constantine. Une panique venait de se répandre ; les Kroumyrs marchaient sur Biskra et chacun cherchait à regagner, au plus vite, un port d'embarquement pour la France. Grâce à cette circonstance fortuite, nous pûmes trouver deux places dans la voiture de Biskra, bien que tout fut retenu depuis huit jours.

Le conducteur, très aimable, eut l'attention de nous placer dans la rotonde (car il y avait rotonde), aux deux côtés de la portière, nous recommandant de ne laisser monter personne.

— Figurez-vous, ajouta-t-il, que les Arabes, grimpés sur le marchepied, ont coupé avant-hier les courroies de ma bâche et ont volé tous les bagages pendant que les voyageurs dormaient.

— Ne craignez rien, mon ami, nous serons deux à veiller, et puis nous sommes en mesure de vous protéger.

Disant cela, je lui montrais nos armes et une petite réserve de cinquante cartouches renfermées dans la ceinture et s'adaptant à nos deux calibres.

Justement, un voyageur me racontait dernièrement que, pour avoir négligé cette précaution, il avait fait un jour une bien singulière entrée dans une ville du Mexique.

M. Candido de Rubinat se rendait de Mexico à Guanaxacuato, en compagnie d'un alcade, de deux demoiselles et de leur mère. Arrivée à quelques lieues de la cité, la voiture fut arrêtée par un parti d'Indiens qui firent descendre les cinq personnes. M. de Rubinat ne put se défendre, car on lui avait recommandé au départ de ne pas prendre d'armes, de peur d'exciter la colère des Apaches et de faire massacrer lui et ses compagnons. C'était un complot arrangé d'avance. Les Indiens prirent tout et dépouillèrent les voyageurs de leurs vêtements, même celui de dessous (*l'indispensable*), enlevant jusqu'aux épingles à cheveux. Les infortunés remontèrent piteusement dans la diligence, abritant de leurs mains ce qui leur restait; les filles rougissant devant le monsieur, le monsieur baissant les yeux devant les filles, la mère tournant le dos au juge, et ils allaient se présenter dans ce costume, quand le conducteur, compatissant autant que complice, leur apporta quelques journaux oubliés dans le coffre, dont ils se confectionnèrent de primitifs vêtements. On juge de l'émoi causé en ville par cette entrée ; heureusement l'hôtelier prévenu (on se demande comment) avait apporté une provision de *punchos*, pièces de laine munies d'une large ouverture au centre ; ils y passèrent tous le cou et purent ainsi gagner l'hôtel dans une tenue à peu près honnête.

## XXVII

La fièvre du lion. — Le docteur Desjardins. — Oasis d'El-Kantara. — Les fossiles. — La montagne de sel gemme. — El-Outaïa. — Vue du désert. — Oasis de Biskra. — La foudre globulaire. — Le Santon.

L'Afrique est le pays des surprises : notre diligence parcourt tranquillement une route complètement déserte, sur laquelle on ne rencontre ni obstacle imprévu, ni embarras d'aucune sorte. L'œil interroge au loin ; tout annonce la plus parfaite sécurité. Soudain, les chevaux s'arrêtent, se cabrent, refusent obstinément d'avancer et, manifestant les symptômes de la plus folle frayeur, font tête à queue, tournant brusquement au risque de briser le lourd véhicule ; c'est un lion qui vient de traverser la route.

Le roi des animaux n'a pas daigné se déranger ; n'ayant pas été provoqué, il passe majestueux, tandis que tout tremble autour de lui.

Quoique carnassier, le lion n'attaque pas l'homme, comme le font le tigre et la panthère ; mais il a une telle fascination dans le regard, qu'il suffit de le rencontrer à petite distance, même sans aucune lutte, pour subir le magnétisme de cette force prodigieuse, et l'homme le plus courageux ressent, malgré lui, les atteintes caractéristiques du mal dit *fièvre du lion.*

A ce moment, il ne faut pas accélérer le pas, il ne faut point surtout prendre la fuite, car alors on est perdu.

.... Ainsi le dompteur qui se laisse tomber à terre périt, accablé par ses bêtes !....

Le lion semble avoir un certain sentiment d'honneur : en effet, le docteur Desjardins, Arabe naturalisé, fut un jour témoin dans l'Aurès d'un exemple vraiment extraordinaire d'une susceptibilité toute empreinte de noblesse et de grandeur.

On sait que, quand un lion approche d'un troupeau, il devient une cause de ruine pour le propriétaire, car, lorsqu'il assomme un bœuf d'un coup de sa terrible griffe, il n'en dévore que ce qui lui plaît, et il lui faut un nouvel animal pour le repas suivant. Or, un de ces fauves, s'étant installé près du douar où résidait le docteur, y causa de tels ravages parmi le bétail que les femmes indignées sortirent un matin, et, portant leurs enfants sur les bras, allèrent bravement au devant du lion.

— Que t'avons-nous fait ? lui dirent-elles, toi le seigneur, toi le puissant, toi le roi !

— Tu t'abats sur des misérables comme nous !

— Tu es plus lâche que la hyène et le chacal !

— Vas ! tu n'es plus qu'un voleur !

— Tu n'es qu'un brigand !

— Vas à la ville voisine !

Et, disant cela, elles agitaient leurs haïks et levaient en l'air les petits enfants.

Le lion partit et ne revint pas.

. . . . . . . . . . . . . . . . . . . . .

Cependant, les chevaux ont été calmés ; nous traversons une plaine désolée ; de temps en temps, une petite source sort de la montagne et le paysage s'anime, la nature se réveille subitement; de la verdure, des arbres, des fleurs égayent le chemin pendant quelques minutes; puis l'aridité reparaît et les collines se succèdent tristes et dénudées; une froide bise soulève des flots de poussière, on s'enferme dans la voiture ; tout à coup, chaleur étouffante au détour d'un rocher : vingt-mille palmiers se dressent le long de la route, festonnant le ciel bleu de leurs silhouettes fantastiques. Cette apparition est saluée par nos hurrah enthousiastes. Nous descendons précipitamment et nous jouissons du contraste le plus étrange qui puisse se rencontrer.

El-Kantara (l'ancien *calceus herculis*), adossé à une falaise abrupte de plus de cent mètres de hauteur, étend vers le Sud ses trois déchéras (villages) aux maisons de pisé qui vont se perdre sous les ombrages de la forêt de palmiers.

Un pont des plus pittoresques remontant aux Romains traverse un ravin profond et relie la route à l'oasis, en passant par une étroite échancrure pratiquée dans la muraille de rochers. A cet endroit, le chemin forme un brusque tournant : d'un côté du ravin et derrière nous, la montagne, dernier rempart sur lequel viennent expirer les frimats et les pluies du nord; un sol tourmenté nourrissant à regret quelques chétifs mûriers, des figuiers, des arbres de la zone tempérée; de l'autre, et nous faisant face, le désert noyant dans une atmosphère torride sa première oasis dont les dattiers se profilent le long d'une charmante rivière sur un parcours de plus de quatre kilomètres.

Peu à peu les collines s'écartent; le chemin n'est plus tracé; les roues enfoncent dans le sable heurtant de grosses pierres qui nous causent d'affreux cahots.

Le sol est jonché de fossiles, echinites, oursins, spatangus, griphées, huîtres, peignes mêlés à des cailloux roulés. Nous avançons avec peine à travers cette faune des époques géologiques, et laissant sur la droite le Djebel-el-Melah, immense montagne de sel gemme, exploité depuis des siècles par les indigènes ; nous passons à El-Outaïa. Ici nouveau tableau.

Devant nous, s'étend jusqu'aux plus lointains horizons une plaine sablonneuse dans laquelle vont se fondre les derniers contreforts de la chaîne de l'Aurès. De petites taches sombres semées çà et là indiquent les oasis, assez nombreuses à l'entrée, puis devenant de plus en plus rares à mesure que le Sahara prend les proportions de l'infini.

Dans les montagnes limitant le désert vers le nord, on découvre des villages accrochés comme des nids de vautours aux pics les plus escarpés ; la seule manière d'y accéder est à l'aide d'échelles ou de cordes retirées quelquefois la nuit en cas d'alerte, ainsi que l'on faisait dans les anciens blockhaus, petits forts détachés, construits en bois et destinés à protéger les routes aux temps de la conquête.

Nous parcourons encore trente à quarante kilomètres et nous arrivons vers le soir à Biskra, oasis beaucoup plus importante que celle d'El-Outaïa.

Ici tout est étrange : nous rencontrons d'abord un hôtelier à façons distinguées qui nous introduit dans un charmant jardin dépendant de son établissement où, dit-il, nous sommes impatiemment attendus.

Il y avait là joyeuse réunion : une douzaine de touristes, voulant absolument voir le désert, avait bravé tous les obstacles et même le spectre des Kroumyrs.

Ils étaient installés depuis deux jours ; je les avais rencontrés dans mainte excursion, et, comme ils s'intéressaient à mes courses aventureuses, ils s'informaient partout de la route que je suivais; me sachant sur le chemin de l'oasis, ils attendaient avec anxiété l'arrivée de la diligence.

Des cris, des trépignements saluent mon entrée dans l'hôtel.

— Le voilà, le voilà, l'intrépide chasseur; asseyez-vous, racontez-nous ce qui vous est arrivé.

— Comment! vous vivez encore? mais venez donc dîner, ajoutent de charmantes femmes. Ici, cette fois, vous ne vous plaindrez pas de ne plus trouver de couleur locale. Allons! venez vite: et l'on m'entraîne sous une grande tonnelle couverte de vignes.

— Hélas! messieurs, plus de panthères disponibles; c'est fini, un diable d'indigène, (que Mahomet le confonde) a dressé des chiens à poursuivre ces fauves; il en a déjà tué quatorze, dans deux ans, il n'en restera plus en Afrique!

— Ah! qu'il est donc drôle! Eh bien! vous chasserez le scorpion!

Le dîner se passe ainsi au milieu des rires et des lazzis. Depuis longtemps Biskra n'avait vu pareille fête; par moments, une jolie gazelle apprivoisée sautait sur nos genoux et de là sur la table, renversant les bouteilles, mais sans les casser, car elles étaient entourées de laine, sur laquelle on verse de l'eau pour maintenir la fraîcheur du liquide. Des chauves-souris voltigeant autour des lumières nous plongeaient dans l'obscurité; un gros lézard endormi sur une branche tombait dans une assiette; alors, nouveaux éclats, les dames se sauvaient effarées et revenaient aussitôt.

Pour comble de chance, je vis au dessert un globe de feu sillonner l'air et disparaître sur le sol à un mètre de moi en produisant un bruit sec; le temps était parfaitement pur et l'un de nos convives, M. Jus, très savant ingénieur, voulut bien m'expliquer que ce phénomène, nommé *foudre globulaire*, était fréquent au Sahara.

La soirée s'écoula ainsi d'une façon fort animée, mais j'avais hâte de me retirer afin de commencer mes tournées le lendemain dès la première heure, et je fus encore agréablement surpris la nuit en distinguant sur le ciel bleu, par ma fenêtre restée ouverte, de nouvelles constellations, *le loup* en particulier, qui ne peuvent se voir sous notre méridien de Paris. . . . . . . .

. . . . . . . . . . . . . . . . . . . . . . . . . . . . . .

Les rues de Biskra ont beaucoup de caractère, elles rappellent celles de certaines villes de l'Orient. De grands palmiers agitent leurs têtes majestueuses au-dessus de murailles blanches entourant des jardins sillonnés de rigoles où coule une eau claire et abondante; des maisons basses et dépourvues de fenêtres; des cafés maures avec de singulières peintures représentant des serpents verts, des lions, des bêtes imaginaires, des lézards rouges (reproduction d'êtres animés signalant la secte d'Ali); des boutiques où vingt arabes plaqués au mur attendent d'un air béat, la tête renversée en arrière, que le barbier vienne les raser à la file; des sortes de magasins où l'on vend de tout; des salles obscures, basses, où retentit le bruit monotome d'un pilon de fer lourd comme un essieu de charrette, soulevé tout le jour par des nègres à demi-nus qui broient le café en poussant de gros gémissements; puis des M'zabis schismatiques du cinquième livre (du Coran) comme les appellent les Arabes avec mépris, c'est-à-dire en dehors des quatre sectes reconnues; ils portent le menton et la bouche enfouis dans le halk à la manière des hommes du Sud; des Juifs, des Turcs, des femmes grandes, belles: les unes à peau blanche, d'autres brunes, mauresques et Oulad-Naïls, drapées dans des étoffes voyantes, tantôt d'un rouge éclatant, bordées de bleu, tantôt à larges raies jaunes et pourpres.

Couchées sur le seuil de leurs portes ou se promenant le long des maisons, elles attirent l'attention par un énorme *brima* (turban) d'où descend sur le front un double diadème de pendeloques en or; au cou des colliers de séquins terminés par le *hamsah*; de larges anneaux aux oreilles qu'abritent d'épaisses nattes bourrées de poil de chameau. Leurs lèvres, leurs gencives, ainsi que les ongles, la paume des mains et la plante des pieds sont rougis avec la teinture extraite de la feuille du henné; les chevilles sont enserrées dans des bracelets d'or et d'argent massifs. Les bras et les jambes nus sont couverts comme le visage de tatouages bizarres; l'éclat de leurs yeux est rehaussé par l'usage du *coheul* (sulfure d'antimoine) dont elles se cerclent les paupières à l'aide d'un petit crayon noir qui ne les quitte jamais.

Des nuées d'enfants crient à tue-tête: merci *moussiou*, pour un sou qu'on ne leur a pas encore donné; d'autres plus jeunes laissent voir sur le sommet de leur tête rasée la touffe par laquelle le prophète doit les saisir un jour pour les jeter dans son paradis. Cette touffe est aussi nécessaire au salut des musulmans, que la queue sans laquelle le chinois ne saurait entrer au séjour des bienheureux; la tête elle-même, quand elle est coupée violemment, entraîne chez les croyants l'exclusion du paradis.

Des Turcs accroupis sur des nattes fument le narghileh ou la petite pipe bourrée de kif, espèce de chanvre particulière à l'Algérie; sa vapeur produit les effets de l'opium; puis un de ces santons, idiots auxquels tout est permis, même certains privilèges dont les maris sont généralement jaloux, balance au coin d'une borne sa tête hideusement grimaçante.

Tout à l'heure, ce fou illuminé montera au minaret pour implorer la pluie et affirmera ainsi son prestige.

Des marchands proposent des dattes à 25 centimes le litre; d'autres ont devant eux des monceaux de noyaux qu'ils vendent 10 centimes, soit pour engraisser de belles chèvres fournissant par jour quatre litres de lait; soit pour nourrir des chameaux couchés en groupe sur le bord d'une place attendant l'heure du départ pour le désert.

Quelle poésie dans tout cela, et comme nous sommes loin de l'Europe!

## XXVIII

**Le grand désert du Sahara. — Voyage sur les chameaux. — Les Mehara. — Chasse du lièvre et de la gazelle. — Les caravanes. — Puits artésiens. — Pisciculture en Algérie. — La Flore saharienne. — Jongleurs soudaniens.**

Vue du désert....., frisson !
Telle est la note que je transcris textuellement de mon carnet.

Ouf ! me voilà de retour. Dieu merci ! et s'il ne m'est rien arrivé, ce n'est pas faute de prédictions sinistres.

— Surtout n'allez pas à chameau ! me répète-t-on pendant mes préparatifs pour une excursion dans le désert.

— Mais, comment donc traverser le désert sans chameau !

— Alors, renoncez à votre voyage.

— Tiens, vraiment ! je serais venu de si loin pour reculer, ah ! la charmante plaisanterie !

— Vous aurez un affreux mal de mer.

— Tant pis, ce sera fâcheux.

— Vous serez disloqué.

— Ça m'est parfaitement égal.

— Vous resterez au lit, malade pendant six semaines.

— J'en profiterai pour écrire *six semaines en Algérie*.

— Eh bien ! alors au diable ! Partez ! bonjour, bonne chance !

— Merci.

Et, de fait, ils avaient bien un peu raison. Le chameau est certainement l'être le plus étrange de la création.

Quand, après bien des efforts, on a réussi à lui faire ployer les genoux en devant, puis les jarrets en arrière et enfin à le mettre à terre malgré ses affreux rugissements de bête féroce, vous montez sur son dos ; mais l'animal ne se relève pas d'un trait ; tout au contraire, il se dresse en deux temps : d'abord du devant, et vous tombez les reins sur sa croupe, puis du derrière et vous vous étalez le nez sur son cou ayant dans la poitrine sa grosse bosse qui casse le verre de votre montre.

Figurez-vous une cloche mise en branle à grand peine. Enfin, tant bien que mal, vous prenez votre aplomb et quelle est votre surprise de vous trouver suspendu dans l'espace sur un animal sans étriers, ni mors, ni bride, ni attache ou liens d'aucune espèce, abandonné à son caprice et au bon vouloir d'un Arabe qui ne vous comprend pas, et qui, soi-disant, le fait marcher à la baguette..... à distance.

Alors commence une course insensée à une allure indéfinissable, mouvement de *nutation*, de *libration*, de va-et-vient ; d'abord tangage, puis roulis ; l'un à cause de la forme de la bête, l'autre parce qu'on lui a appris dès son enfance à marcher *l'amble,* en lui liant les deux jambes d'un même côté.

Vous êtes juché là haut les mains dans vos poches ; vous vous efforcez de prendre une pose digne. Vous

vous cambrez entre la bosse et la queue et cependant votre tenue et vos gestes dépassent tout ce qu'on peut rêver de plus risqué dans les danses... de caractère. Vous êtes bouffonnement grotesque sans vous en douter, et, lorsque plus familiarisé avec votre monture vous vous hasardez à tourner la tête vers vos compagnons de route, alors un rire général, inextinguible, éclate dans la caravane, car tous répètent les mêmes mouvements et vous êtes à même de juger par les autres de l'effet que vous produisez.

Le désert, malgré son aspect sinistre, a des beautés propres à faire oublier les fatigues et les privations. Sur une mer de sable blanchâtre, se dessinent, au lieu de vagues, de petits tertres qui se succèdent, hauts à peine de vingt à trente centimètres, couronnés d'une infime touffe de verdure, maigre plante étiolée vers laquelle le chameau converge sans cesse, au risque de vous précipiter la tête la première.

Horizon sans limites! toujours du sable, Pas de traces! pas d'empreintes! le vent souffle et efface les pas.

Les heures se suivent, le soleil avance dans sa carrière, mais le voyageur semble être immobile, tant le paysage autour de lui reste le même.

La variété des objets, des travaux comme des plaisirs nous distrait; c'est presque une condition de notre existence intellectuelle, comme la diversité de nourriture est nécessaire à la santé. Ici, rien de nouveau, le cercle immense de l'horizon est la plus imposante image de l'infini. Cette impression est plus profonde que sur le désert des eaux : la brise des mers murmure dans la voilure, le sillage laisse un léger bruit; au désert, silence absolu, solennel, qui ajoute encore à la tristesse de la solitude et en fait mieux sentir l'isolement voisin de l'abandon.

A des distances fabuleuses, de rares oasis apparaissent sous une forme indécise, puis le vide.

Des caravanes de chameaux chargées d'orge ou d'autres denrées passent silencieuses et sombres ; à peine quelques paroles brèves s'échangent entre les Arabes ; elles s'éloignent rapidement et semblent s'évanouir comme des ombres, car, au désert, hommes et bêtes, prennent la même teinte ; tout y est couleur de sable, nuance indéfinissable qui devient monotone par sa désolante uniformité et fait naître dans l'esprit comme un sentiment vague de mélancolie.

Nous allons ainsi devant nous, au gré de l'animal avec lequel nous ne pouvons communiquer et souvent abandonnés par l'escorte, qui reste bien loin en arrière, ne pouvant nous suivre à pied.

Voici une troupe d'indigènes accompagnés de leurs femmes ; le bas de leur figure est voilé, pour ne pas respirer le sable. Ils arrivent des contrées les plus lointaines du Sahara, du pays des Touaregs, montés sur les *méhara* qui peuvent rester de six à sept jours sans boire et de deux à trois sans manger et font jusqu'à trois cents kilomètres par jour, à un trot que le galop des chevaux arabes ne peut atteindre.

Quand deux coureurs du désert se croisent, ils sont hors de vue avant d'avoir eu le temps de répondre : *aaley-koum sélâm*, au *sélâm aaley-koum* (paix avec vous) qu'ils se lancent au passage.

Pour fournir ces courses effrayantes, les Arabes, solidement attachés sur leurs montures, se sanglent le corps soigneusement capitonné et se bouchent les oreilles afin de ne pas devenir sourds ; quand il s'agit d'arriver, ils doivent prévenir le *méhari* plusieurs centaines de mètres avant le but, pour ne pas le dépasser.

Ici, le plus petit incident devient tableau.

Dans le lointain, des chasseurs poursuivent la gazelle ; d'autres font une immense battue circulaire autour de l'un d'eux accroupi sous une broussaille et jouant de la flûte ; un lièvre détourné de loin se rapproche ; après force feintes il vient écouter la musique et on le tue.

Cependant notre petite caravane avance toujours malgré les ardeurs d'un soleil torride inondant de lumière ce sol brûlant, dont aucune source ne vient rafraîchir l'aridité, car, nous ne pouvons rencontrer les fontaines vers lesquelles nous cherchons en vain à nous diriger, nos cartes trop exiguës restant muettes à cet endroit.

Dans le désert il existe beaucoup de puits, les uns creusés par les Arabes, d'autres par nos ingénieurs.

Les premiers sont de simples fosses soutenues par des murailles de troncs de palmiers ; ils fournissent environ 200 litres d'eau à la minute et reviennent à 800 francs ; les autres forés et tubés, débitent de 1,500 à 2,000 litres et coûtent 3,000 francs.

De Biskra à Ouargla passant par Tougourt et suivant la ligne des *chotts,* on en a percé un grand nombre depuis peu, et telle localité d'une valeur absolument nulle devient le centre d'une oasis qui se couvre en peu de temps de verdure et de palmiers.

A ce propos il se produit un phénomène bien singulier : les puits artésiens rejettent avec leurs eaux potables une quantité de petits poissons tellement considérable, qu'ils deviennent une source d'alimentation. Ils proviennent, on le suppose, des rivières du Sahara et ils auront pénétré dans les nappes souterraines par des fissures.

Il faudra donc venir au désert pour manger une friture, car, depuis les extrémités du Maroc, c'est-à-dire sur tout le territoire de l'Algérie je n'ai pas trouvé un poisson, si non délicat, du moins présentable ; il existe bien quelques barbeaux, des cyprins, des espèces de perches, (*cyprinus barbus, cyprinodon dolicatus, cyanigaster, chromis Desfontanii*) mais ils ne sont pas mangeables.

Qu'on ne rencontre pas un bateau dans toute la colonie, cela se comprend sans peine ; mais ce qui ne peut s'expliquer c'est le nombre prodigieux de sources, fontaines, torrents, retenues, que personne ne songe à utiliser, pour y faire de la pisciculture. Les carpes, tanches, brochets, anguilles, goujons, ablettes, brêmes, barbillons ; l'écrevisse à pattes rouges (*astacus fluviatilis*), qui devient monstrueuse dans nos étangs et dépasse de moitié l'espèce commune (*astacus fontinalis*) y réussiraient à merveille : la truite elle-même s'y reproduirait ; l'on peut s'en convaincre en voyant celles qui par exception peuplent les eaux de l'Oued-Zhour, à l'est de Collo ; et les nouvelles salmonées (*fontinalis* et *quina*), dont nous recevons chaque année des milliers d'œufs embryonnés, pourraient repeupler ces eaux d'excellents saumons californiens qui n'éprouvent pas le besoin d'émigrer vers la mer comme le font les nôtres.

. . . . . . . . . . . . . . . .

Il y avait déjà longtemps que mes deux compagnons se plaignaient de la soif ; nous avions négligé au départ de faire une provision d'eau ; du reste le jour baissait et nous ne possédions pas d'effets de campement pour passer la nuit.

Nos Arabes paraissaient égarés ; je commençai à partager leur inquiétude. Effroyable perspective que celle de me perdre dans le désert ! Six cent mille lieues carrées douze cents de l'est à l'ouest, et cinq cents du nord au sud!

C'est ici, me disais-je, sous les rayons de ce soleil implacable, que des caravanes entières égarées, par les indications trompeuses d'un fallacieux mirage, périssent misérablement au milieu des angoisses causées par la privation de l'eau; d'autres, surprises par les étouffantes rafales du simoun, sont englouties en quelques heures et laissent sur le sol de longs ossuaires en souvenir de leur passage; d'autres encore, chargées de précieuses cargaisons, tombent sous les coups de tribus vagabondes et pillardes qui ne vivent que de rapine et de brigandage.

Quelques-unes ayant sauvé leur vie grâce à l'abandon de tous leurs biens, de leurs provisions même, sont décimées par les maladies, l'insolation, la faim qui donnent le vertige, mènent à la folie furieuse et arment des bras amis en les faisant se déchirer les uns les autres.

Le désert, c'est la mer avec toutes ses horreurs sur un navire désemparé; c'est le pays de la soif et du désespoir!

. . . . . . . . . . . . . . .

Cependant la nuit venait à grands pas; j'appelai les chameliers pour faire tourner nos bêtes sur lesquelles, comme je l'ai dit, nous n'avions aucun moyen d'action; puis, ayant consulté ma boussole, je pus en m'aidant de la marche du soleil regagner l'oasis de Biskra.

C'était l'heure de la rentrée en ville; on voyait de riches caïds cambrés fièrement sur leurs selles à dossier; des Biskris montés deux et trois sur un âne étriqué; en palenquin des femmes dont on distinguait les ongles rougis, formant une tache orangée sur le haïk; des

Marabouts assis avec une dignité austère sur une mule devant laquelle chacun s'écarte avec respect.

Nous pénétrons comme un coin dans cette foule agitée, que repoussent les hommes de notre escorte; nos bêtes se tourmentent, se pressent l'une contre l'autre au risque de nous broyer les jambes. De grandes caravanes de cent cinquante à deux cents chameaux arrivent aussi du désert et nous refoulent en nous acculant contre les palmiers. Les Arabes crient en se disputant le passage; plusieurs lèvent la matraque, c'est une mêlée générale d'hommes et de bêtes; et nous attendons toujours, ballottés, pressés, froissés mais impassibles, que les chameliers puissent enfin frapper sur les jambes de l'animal le coup de baguette destiné à lui faire infléchir les membres et à nous permettre de descendre.

Nous rentrons chargés d'échantillons de toute sorte, fragments de sel natif, cristaux de gypse, sable salé, plantes rares: cucumis coloquinte : concombre d'âne (*momordica elastica*), qui lance au simple toucher ses graines à plusieurs mètres; le zigophyle cornu aux feuilles charnues remplies d'eau ; l'astérique pygmé dont les fleurs conservent, comme les roses de Jéricho, la singulière propriété de s'épanouir, même après plusieurs années, si l'on vient à les plonger dans l'eau; le sainfoin (*hedysarum alhagi*), nourriture favorite du chameau; le drim, le ratama, le ranthère, l'ephedra, aux feuilles à forme d'aiguilles; l'halga (*hemophyton deserti*), et quelques autres dont le principal mérite est de ne se rencontrer qu'au Sahara.

En effet, la dispersion des plantes sur le sol de l'Algérie correspond à trois zones bien distinctes : région du Tell ou barbaresque; des Hauts-Plateaux ou atlantique et du désert.

Tandis que les flores atlantique et barbaresque présentent un caractère essentiellement européen, puisque leurs espèces se retrouvent dans tout le midi de la France, en Espagne, en Sicile et même en Grèce; la flore désertique est spéciale et n'a aucun rapport avec celle du nord de l'Algérie; mais elle est relativement pauvre, quand ou considère le territoire immense qu'elle occupe des côtes du Maroc aux plateaux de l'Asie.

Les plantes étiolées, souffreteuses, ont l'aspect rachitique de végétaux croissant avec une extrême lenteur. Les feuilles sont persistantes, coriaces et charnues comme celles des plantes grasses, disposition qui leur permet de résister à la chaleur torride du désert; leur couleur est un gris verdâtre tranchant à peine sur le jaune pâle du sol; la plupart sont desséchées car, en poussant, elles ont présenté un obstacle au sable, qui s'agite au moindre souffle de vent et vient s'accumuler au pied de la plante en y formant un petit tertre nommé dune; or, comme le vent change constamment de direction, la dune finit par étouffer toute espèce de végétation.

Quel contraste entre les plaines incultes du Tell couvertes de palmiers-nains ou de jujubiers sauvages, (*ziziphus lotus*), les Hauts-Plateaux dont les tapis d'halfah et de diss, sont entrecoupés de maquis d'arbres de toutes essences : lauriers, pistachiers, cistes, yeuses, chênes vert et liège, alaternes, arbousiers, callitris, pins d'Alep; et le désert, où il n'y a plus ni arbres ni plantes vertes!

Aussi, rien ne saurait exprimer la joie que nous éprouvions en revoyant nos chers palmiers et la rentrée à la délicieuse oasis était saluée par nous comme un véritable retour à la vie.

Le soir, le bruit perçant des instruments de musique et l'animation extraordinaire de la population nous ramènent dans ces cafés maures où il y a tant à observer. Les cafés sont les principaux lieux de réunion des Arabes; nul autre endroit ne présente plus d'attrait au voyageur désireux de s'instruire et d'étudier les mœurs du pays. On y coudoie le vrai peuple qu'attire son penchant irrésistible pour le far-niente traditionnel et que fascinent les ballades des vieux trouvères entremêlées de ces danses où excellent les Oulad-Naïls.

On y rencontre des sujets de toutes les races et jusqu'à ces malheureux déshérités de Sidi-Obka ou des Ziban affligés d'ophtalmies, de staphylômes, d'albugos, de strabisme et du trop célèbre *clou de Biskra,* l'ulcère Saharien si fréquent ici, nommé par les Arabes, *Mard-el-Temeur* (maladie des dattes), ou plus communément *hab.*

Le Sahara possède le monopole de ces diverses affections, de même que le Sénégal donne naissance à la fièvre jaune; les bouches du Gange, au choléra; le Delta du Nil au typhus, et les embouchures du Danube et de l'Euphrate à la peste. Les causes de ces affreuses maladies sont connues, tandis que personne jusqu'ici n'a pu signaler celle du *Clou d'Alep* qui se plante aux nez les plus délicats comme les plus remarquables, et désole les jolies femmes, par sa persistance à repousser. Qui n'a vu un de ces nez indescriptibles des femmes retour d'Alep, ignore à quel aspect comique peut arriver la face humaine.

Quelquefois un vieux jongleur nègre apparaît timidement à la porte en quête de quelque Européen à qui il proposera des éventails tressés avec la feuille du palmier, ou la peau préparée de l'ourane (*varanus arenarius*), grand lézard du Sahara dont un seul coup de queue frappe d'impuissance l'infortuné qui ne peut se procurer de suite les organes d'un autre ourane et les dévorer, croyance accréditée dans toute l'oasis.

Le jongleur porte sur la figure un large masque couvert de *porcelaines,* coquille involvée en usage au Soudan, où elle remplace la monnaie d'or et d'argent. Tout est si nouveau dans cette douce oasis, que le temps passe avec une rapidité extrême et l'on se demande chaque matin si l'on pourra suffire à la tâche de la journée.

## XXIX

Les Palmiers. — Le Hakem. — Achat de bijoux. — Le Juif. — Le Charmeur de Nadjas. — M. Lataste. — Le docteur Molle. — Les Jongleurs Egyptiens. — Les Psylles de l'Inde. — Ben-Gana. — Grand repas chez un Kalyfah de l'Aurès. — Une diffah.

Biskra et ses annexes ne contiennent pas moins de 1,300 hectares, plantés de 140,000 palmiers, et l'étranger, ne connaissant en fait de dattes que ce qui se vend sur nos marchés, est fort surpris d'apprendre que, sur ce seul territoire, il y a plus de 150 espèces de ces fruits, variétés aussi nombreuses que celles de nos poires et de nos pommes à couteau et à cidre.

La grande préoccupation est celle de féconder artificiellement le dattier, car les Arabes se souciant peu de planter des sujets improductifs, toute la responsabilité de la récolte incombe à un personnage nommé *hakem*, dont l'unique fonction consiste à répartir les fleurs mâles et à s'assurer que les propriétaires en sont suffisamment pourvus.

Après avoir visité ces belles cultures, dont chaque arbre reçoit en moyenne 100 mètres cubes d'eau pendant la période d'été (les Arabes disent du dattier: *La tête dans le feu, les pieds dans l'eau*), je vais voir le superbe jardin de *Château-Landon*, et le jardinier en chef s'empresse de transcrire, en caractères arabes, les noms qui lui étaient absolument inconnus auparavant de ses végétaux les plus rares et les plus précieux.

Chemin faisant, je rencontre d'aimables touristes à la recherche d'objets de curiosité.

— Nous voudrions, me disent-ils, rapporter de ces ravissants bijoux semés en profusion sur les jolies indigènes; ne sachant où nous adresser, soyez assez bon pour nous venir en aide. La tâche n'était pas pénible; les bijoux comme les parfums sont le plus cher ornement des femmes en Orient et jusque dans l'Inde; elles portent leurs parures même à leurs travaux champêtres, car leurs maisons, ne fermant qu'avec de simples serrures de bois, elles craignent sans cesse d'être dévalisées.

— Rien de plus aisé, messieurs, veuillez me désigner sur une de ces femmes ce qui peut vous convenir, et je ferai de mon mieux pour vous être agréable.

— Allons, toi, Fathma, approche ici, veux-tu vendre tes bracelets?

Mais la jeune femme baissait la tête en rougissant, balbutiant quelques mots incompréhensibles.

— Voyons, ne fais pas ainsi l'idiote; tu as été à l'école, n'est-ce pas, réponds à ces messieurs en français.

— Mes bijoux ne sont pas à vendre.

— A la bonne heure, tu te civilises. Je savais bien que tu connaissais le français, mais tu te gardes bien de le parler, comme tous les gens de ta race.

— Dis-moi, à quoi te servent ces quatorze bracelets accrochés à la file? ils doivent te fatiguer le bras; veux-tu les échanger?

— Lequel désires-tu?

— Détache-les tous et nous allons choisir.

— Je ne puis les ôter dans la rue, viens avec moi.

— Où veux-tu donc me mener ?

— Dans la première boutique venue.

Arrivés chez le juif, la femme arabe étale ses bijoux sur le comptoir (il y en avait pour plusieurs milliers de francs), et, après nous avoir fait vérifier le contrôle de chaque pièce, jette dans un plateau de la balance ceux que nous choisissons ; dans l'autre, nous mettons un poids égal de monnaie d'argent pour les objets en argent, ou de pièces d'or si les bijoux sont en or, et le marché est conclu. La différence de titre est soldée par la façon ; c'est d'une simplicité extrême.

Sortant de là, je me dirigeais vers un certain charmeur qui m'avait fait engager à le venir voir, quand, au moment d'atteindre sa demeure, une idée me traversa l'esprit. Un des plus fameux chefs de l'Aurès habite Biskra ; Ben-Gana mène ici grand train ; si j'allais lui rendre visite. Je n'ai pas de lettre de recommandation, il est vrai, mais à quoi bon ; je vais lui faire demander une audience, je verrai un intérieur de seigneur arabe.

Puis, après un moment de réflexion : Faisons mieux, me dis-je, et aussitôt j'envoie prévenir Ben-Gana de mon intention de venir dîner avec lui, le soir même, s'il veut bien y consentir, à la condition, toutefois, qu'il me recevra à l'arabe et non à la française. Après tout, quand on n'a que peu de temps à passer dans un pays, il faut savoir en profiter.

Sur ce, continuant ma route, je me rends chez le charmeur, suivi, cette fois, d'enfants portant dans de petits flacons une multitude d'animaux vivants : lézards, couleuvres, insectes, scorpions, faisant tous un affreux ménage en attendant le bocal d'esprit de vin de quelque collectionneur. Je montrai aux jeunes Biskris le chemin de l'hôtel et j'entrai chez le charmeur.

Vaste salle basse, sombre, meublée de bancs adossés aux murs, sur lesquels une foule d'Arabes couchés nonchalamment attendent mon arrivée. Un homme superbe, au regard profondément pénétrant, véritable magnétiseur, vient au devant de moi et, m'ayant fait asseoir avec la précaution de relever mes pieds sur le banc, va chercher un sac, une cornemuse et se met en devoir de commencer la séance.

Il était plein de majesté ; on eût dit un roi de Ninive drapé dans sa tunique enrichie de franges d'or, s'apprêtant à combattre, avec ses flèches d'airain, un lion furieux déchaîné contre lui.

Tout d'abord, au milieu du plus profond silence, il prélude sur son instrument, puis, se baissant sans s'interrompre, il ouvre le sac d'où sortent deux énormes reptiles ; un frémissement parcourt la salle, car les serpents se dirigent vers les bancs, sur lesquels les Arabes montent précipitamment ; ils reviennent, toutefois, au bruit de la musique et, se dressant presque sur la queue, commencent une danse circulaire autour du charmeur qui ne les quitte pas un instant des yeux.

Je reconnus de suite le *naja naha*, bien autrement dangereux que le ceraste d'Egypte ; sa morsure, comme celle du serpent à sonnettes (*crotalus horridus*), cause une mort à peu près instantanée.

Le nadja, que les Arabes font entrer en catalepsie en lui pressant la nuque, était autrefois l'emblème de la divinité, le protecteur du monde. Les anciens Egyptiens le représentaient au-dessus des portails, enlaçant les deux côtés d'une sphère. Ils le considéraient comme un pasteur à cause de cette faculté de se dresser immobile au milieu du désert.

A chaque intonation nouvelle de la cornemuse, les reptiles gonflaient le cou en signe de satisfaction, développant une large collerette autour de leur jolie tête ; ils se lançaient aussi sur le charmeur, lui léchant la figure sans le mordre.

Décidément, ces serpents sont désarmés, me dis-je, cette fois, il n'y a pas à en douter, et, faisant signe à l'Arabe, je lui exprimai le désir de vérifier le fait ; il se fit un peu prier et finit par me présenter un des nadjas, dont il ouvrit la gueule, montrant la paire de crochets venimeux parfaitement intacts.

Cette vue m'intrigua d'autant plus que les spectateurs, d'abord visiblement contrariés de mon insistance, cherchaient à m'expliquer par gestes que le charmeur était un devin ; or, malgré tout mon respect pour leurs croyances, je ne pouvais admettre cette prétendue divination à propos de reptiles ; quant à la puissance du regard et à l'influence de la cornemuse, il n'y avait pas à y songer ; une distraction d'un seul instant devait tôt ou tard causer la mort du dompteur.

Je fis appel, dans mon cerveau, au casier : *anatomie comparée*, et, après avoir feuilleté quelque temps, j'y découvris ceci : chez les serpents venimeux, ce ne sont pas les crochets qui se meuvent, mais bien proprement l'os maxillaire. Le tendon du muscle ptérygoïdien externe se divise en deux parties, dont une va se fixer à cet os, et l'autre à la capsule renfermant le poison. Donc, en coupant ce tendon, plus de mouvement de la mâchoire ; en enlevant les capsules par une sorte de castration, plus de venin, et le redoutable nadja se change en un charmant joujou parfaitement inoffensif. Ai-je trouvé le secret, je l'ignore, mais je donne l'explication pour ce qu'elle vaut, quant à moi je m'en contente jusqu'à preuve contraire.

Je me suis bien gardé d'en faire part à l'Arabe, car ici un devin est revêtu d'un caractère sacré. Ces gens-là sont capables de tout, et je savais déjà que le trop célèbre Bou-Hamema avait profité de sa profession de magicien pour exploiter le fanatisme des populations du Sud, en les entraînant à la Guerre Sainte.

Toutefois, depuis la publication de la première édition de ce livre, j'ai recueilli un fait de nature à modifier l'hypothèse ci-dessus, aussi, je m'empresse de l'enregistrer.

Lors du passage de M. Lataste à l'oasis d'El-Outaïa, un charmeur exhibait trois nadjas devant la foule, quand un Arabe fut subitement mordu au sein par l'un des reptiles. Tandis que l'indigène expirait à l'hôpital de Biskra, entre les mains du docteur Achintre, le capitaine Oudri, du 3$^{me}$ bataillon d'infanterie actuellement détaché à l'état-major de Tunis, faisait abattre les serpents et remettait à notre savant collègue une des têtes qu'il disséqua de suite, et dans laquelle il constata la présence des vésicules venimeuses, sans pouvoir affirmer néanmoins qu'il y eût eu ou non résection du tendon, et l'on comprendra aisément qu'après une opération récente, il puisse rester assez de poison dans un crochet pour causer la mort d'un homme.

M. Lataste attribue la domination exercée par le charmeur à ses gestes, et surtout à un regard fixe et profond, agissant par fascination sur des êtres inférieurs essentiellement mous et lymphatiques. Selon lui, la musique n'avait d'autre but que d'en imposer à l'assistance.

Cependant, nous rappellerons qu'en Egypte, quand un reptile pénètre dans une demeure, chose très fréquente, la famille s'empresse de faire venir un charmeur. Celui-ci, après quelques appels adressés au reptile, tire des sons de plus en plus précipités d'une sorte de *guzla*, flûte tout élémentaire assez semblable à celles que les vieux Grecs faisaient avec les roseaux de l'Eurotas. Aussitôt, le serpent se dresse, écoute et rampe vers le charmeur qui, marchant à reculons, parvient peu à peu à conduire dehors le gênant visiteur.

D'autre part, M. Molle, ancien médecin de la marine, voyageant dans l'Inde en 1878, rencontra chez Mgr Don Gomez, préfet apostolique de Ceylan, un de ces psylles nomades qui se transmettent d'âge en âge dès les temps les plus reculés, le dangereux métier de jongleur. Il portait sur le dos une longue boîte percée de trous, et, l'ayant déposée sur le sol, d'une main il saisit une flûte chinoise à large pavillon, et de l'autre souleva doucement le couvercle.

Sous l'influence de la musique, trois *cobras capello*, qui semblaient sommeiller sur un lit de plantes nouvellement cueillies, s'agitèrent en poussant un sifflement aigu et, escaladant les côtés de la cage, s'enroulèrent à ses pieds d'abord, puis à ses jambes nues, à son torse, puis à ses mains, à ses bras, à son cou, atteignirent le visage, tandis que l'homme, calme mais les yeux fixes sur ceux des reptiles, accélérait la cadence, précipitait les modulations et parvenait à tenir à distance, à maîtriser les trois gueules hideuses.

Quand la représentation fut terminée, le docteur obtint, non sans peine, la faveur de toucher les reptiles, et il constata à sa grande surprise que chaque serpent avait dans la gueule un petit amas de substance verdâtre analogue aux herbes dont le fond de la cage était tapissé.

Etait-ce un anesthésique ou un neutralisant? Le

jongleur, pour éviter les morsures, s'était-il imprégné d'une sorte de *micana guaco*, à la manière des Indiens du Sud-Amérique contre les venins des *trigonocéphales*, ou bien avait-il fait mordre au préalable une étoffe de laine pour étancher le poison ; le docteur l'ignore encore.

. . . . . . . . . . . . . . . . . . . . .

Comme je sortais de chez le charmeur de serpents, on vint me prévenir que Ben-Gana m'attendait à dîner et me priait même d'amener mon compagnon de voyage. Il était six heures : nous nous fîmes conduire à la demeure de ce personnage.

C'était une grande maison élevée entre cour et jardin, non loin de la rue principale. En face de la porte et en haut d'un large perron, on avait accumulé des nattes, des tapis et des coussins sur lesquels le chef étendu comme sur un trône nous fait signe de monter, puis il nous invite à nous asseoir près de lui.

Le Khalifah de Biskra est un homme très beau, parfaitement conservé malgré ses cinquante-cinq à soixante ans ; on lui en donnerait à peine quarante. Issu d'une des plus anciennes et des plus nobles familles de l'Algérie, il descend du Prophète et s'est rallié au gouvernement de la France dès l'année 1838. Il resta toujours fidèle au serment que lui et les siens prêtèrent solennellement sur le Coran à cette époque.

Tout autour du trône, les vassaux, couverts de leurs plus riches costumes, sont rangés sur deux lignes et, derrière eux, dans la cour, on aperçoit les chevaux du chef, ses mulets avec les palanquins (*arabâs* portant la main protectrice peinte sur les tentures), pour les femmes, de gros sacs d'orge et de blé, des provisions et des objets de toute sorte : matériel de campement, harnachements, charrettes de charge, etc.

Ben-Gana parut flatté de notre surprise à la vue de cette réception princière, puis il descendit du trône avec une véritable dignité, et, traversant la cour, il nous introduisit dans une vaste salle couverte de nattes et meublée de riches tapis surchargés de moelleux coussins.

A peine fut-il assis à terre, nous invitant à suivre son exemple, qu'une portière se souleva livrant passage à de grands seigneurs, dont le premier mouvement fut d'ôter leurs babouches et de venir baiser respectueusement au front le maître de céans, embrassant ensuite leur propre main avec laquelle ils avaient serré celle du Khalifah.

### *L'Ablution*

Aussitôt un serviteur noir de haute taille, pieds nus, apporte un beau bassin de cuivre et, se baissant à notre portée, nous verse sur les mains de l'eau contenue dans une aiguière, artistement ciselée, tandis qu'un autre nègre installe une table de cuivre fort basse, large de 1 mètre 50 centimètres environ et commence à mettre le couvert.

### *Le Couvert*

Ni surtout, ni nappe, ni fleurs, ni plats, ni assiettes, ni carafes, ni verres, ni fourchettes, ni couteaux.

Il y avait seulement six petites cuillers de bois et six serviettes d'un linge fin (probablement concession faite aux usages européens).

### *Les Convives*

Six personnes s'asseyent par terre à la turque, autour de la table : Ben-Gana, trois caïds de l'Aurès et du Sahara, les plus nobles de la contrée, tous vêtus de superbes costumes sur lesquels brillent les insignes de commandeur de la Légion d'Honneur, un seul est officier de cet ordre; à la suite mon compagnon et moi. Un caïd interprète est placé auprès de moi.

### Le Repas

On apporte au milieu de la table un grand vase rempli d'un potage de fort bonne mine. Le Khalifah commence l'attaque cuiller en main, j'en fais autant et nous plongeons à la ronde, dans ce brouet spartiate, allongeant tous la tête de manière à répandre le moins possible sur la table. Potage délicieux à la farine de blé avec purée de viandes et une quantité d'ingrédients aussi raffinés que nouveaux pour nous.

### Premier Service

Nous avons déposé nos armes de bois, le nègre distribue à chacun de nous une tartine d'un pain très succulent que nous plaçons sur nos genoux, puis nous entamons le premier mets composé de petits choux farcis; d'une main nous explorons discrètement le plat et, détachant un fragment de choux, nous le portons à la bouche, tandis que de l'autre nous tenons la tartine dans laquelle nous mordons à belles dents; nous travaillons ainsi jusqu'à extinction des choux; ils sont exquis.

### Deuxième Service

Volaille hachée avec sauce et pommes de terre assaisonnées de condiments de haut goût; même opération, toutefois nous aidant, de temps en temps, de la cuiller.

Ici, le serviteur présente au Khalifah la *guenouna* pleine d'eau, jolie jatte noire faite de feuilles d'halfah pilées enduites de goudron. Il la tient respectueusement sur une serviette pliée et fait boire Ben-Gana; puis il vient à moi; je me retourne et je bois discrètement; le nègre continue sa tournée et se retire.

Tout en mangeant du plus parfait appétit, j'observais

avec une attention extrême, prenant des notes sous la table, tant je craignais de perdre un seul incident de ce mémorable repas. J'étais rajeuni de six mille ans, je croyais dîner chez un patriarche.

### Troisième Service

C'est le plat de résistance aussi bien que le mets national : véritable montagne de kouskoussou, flanquée de deux morceaux de mouton bouilli et désossé. Le Khalifah saisit la viande et, la divisant en fragments avec les doigts, place chaque bouchée sur le kouskouss et nous nous escrimons de plus belle, enfonçant les ongles dans les mets savoureux, nous aidant de la main, de la cuiller, de la tartine. La situation est si solennelle que je hasardais à peine quelques paroles entrecoupées ; compliments sur le service, comparaison entre cette cuisine supérieure et le vulgaire menu des premiers hôtels d'Algérie, cherchant surtout ce qui pouvait flatter l'amour-propre du grand chef et, certes, je lui devais bien cela, n'avait-il pas répondu en grand seigneur à ma requête, un peu... indiscrète!

Cependant, il se produit un mouvement dans la salle ; c'est un intermède.

### Dessert

Tandis qu'un serviteur enlève la table de métal, toute couverte des débris de chaque plat, un autre circule avec la belle aiguière, ajoutant, cette fois, à l'eau, un savon parfumé dont j'apprécie particulièrement l'opportunité ; puis on apporte une nouvelle table, non plus en cuivre mais en bois, sur laquelle est dressé le dessert : joli gâteau de farine et de miel, macarons et dattes fraîches.

Aussitôt le service terminé, le nègre couché par terre

se lève, présente le café sur un plateau. Ben-Gana, nous ayant servi, le repasse à l'homme de couleur, qui s'empresse d'en prendre une tasse derrière nous, avant de le remporter.

Il y avait déjà bien longtemps que nous étions accroupis dans cette position, chère aux Orientaux, mais si pénible pour nous. Aussi, quand le Khalifah se leva, nous éprouvâmes le besoin de nous détendre ; quelques crampes commençaient à poindre, menaçant nos muscles endoloris de frémissements désagréables.

La conversation devint familière et notre hôte voulut bien nous raconter les épisodes les plus saillants de sa carrière militaire, toute consacrée au service de la France. Il nous remit ensuite une généalogie de sa famille et nous engagea à le suivre dans la cour, afin d'assister à une *diffah* ; il traitait, pour nous faire honneur, ses plus proches vassaux réunis à la hâte.

Il y avait là près de quatre-vingts feudataires assis par terre, en petits cercles de onze personnes, autour d'un plat de kouskouss dont ils mangeaient avidement, et, comme nous l'avions fait, avec les doigts ; puis, dans une cuisine improvisée à l'angle de la cour, des Arabes, sous la direction d'un chef, tournaient lentement, devant un feu très vif, de longues broches garnies de jeunes moutons empalés tout d'une pièce. Plein de dignité dans son ministère, le maître queux trempait solennellement un long balai dans une jarre remplie d'huile d'olive, arrosant les victuailles qu'il surveillait d'un air capable.

A mesure qu'une bête était rôtie, un homme enlevait la perche, la dressait comme un mât au-dessus d'un vaste plat, et, d'un coup de talon, faisait glisser le succulent rôti sur lequel chacun allait s'escrimer à grands renforts d'ongles.

Au milieu de tout ce monde de subalternes et dans cette atmosphère de senteurs âcres, circulait Ben-Gana, parfumé comme un grand seigneur, me rappelant ce vers d'Horace :

*Pastillas Rufillus olet, Gordonius hircum.*

Nous restâmes quelque temps à contempler cette scène renouvelée des époques bibliques, car la diffah est un rappel de la Pâque, puis, avant de partir, je demandai à Ben-Gana la faveur d'emporter mon couvert en mémoire de cette réception ; immédiatement, un des caïds m'apporta ma cuiller de bois ; je pris ensuite congé de mon hôte en ces termes :

### MOI

Ben-Gana est un grand cœur, je porterai en France le souvenir de son hospitalité seigneuriale.

### LUI

Tu m'as fait beaucoup d'honneur en venant t'asseoir sous mon toit.

Tu pars trop tôt, si tu restais quelques jours, je te donnerais une chasse au faucon et nous poursuivrions la gazelle dans le désert.

### MOI

Rien n'égale ta générosité ; mais je dois partir. As-tu quelque missive à me remettre ?

— Si tu parviens à pénétrer au Kef, porte au général Forgemol l'expression de mes respectueux hommages.

— J'ai déjà une lettre à remettre au général ; je serai ton interprète auprès de lui, si je puis le joindre.

— Je te quitte, qu'Allah t'accorde de longues années ! Que la paix soit avec toi ! — *Selâm aaley-koum !* — et je saluai à la manière arabe.

## XXX

La Faune Saharienne. — Pluies de Sauterelles. — Le Hamman-Maskroutin. — Les Sources thermales en Algérie. — Sépultures Mégalithiques de Roknia et de Bou-Nouara. — Guelma. — Duvivier. — La Seybouse. — Le Lac Fezzara. — Mines d'Aïn-Mochra. — La Montagne de Fer. — Chênes-liège de la forêt de l'Edough. — Ville ancienne d'Hyppône. — Tombeau de saint Augustin. — Bône. — Départ d'Afrique.

Quatre heures après je montais en diligence; je venais de l'apprendre en sortant de chez le Kalifah, le chemin contournant les contreforts de l'Aurès était intercepté à cause des opérations militaires de Tunisie; impossible de gagner l'Est de ce côté; il fallait à mon grand regret abandonner l'itinéraire par Tebessa et Soukhâras.

Toutefois notre voyage s'accomplit avec la gaîté accoutumée, la voiture ramenant avec nous les derniers touristes de l'excursion dans le Sud.

Chacun remportait quelque souvenir de son séjour en Afrique, et, comme nous comptions plusieurs zoologistes et chasseurs, la diligence rappelait en petit l'Arche de Noé; toutes les classes du règne animal avaient au moins un représentant ; qu'on en juge:

MAMMIFÈRES. — Je possédais un charmant chacal

(*lupus aureus, dib* en arabe) acheté 3 francs, et un chasseur tenait en laisse un jeune sloughi payé le même prix; il avait aussi des dépouilles de fenec, espèce de renard minuscule assez commun au-dessous de la latitude de Tougourt; de raton, de gundi, gros rat spécial à la région saharienne où sa chair est particulièrement estimée; de gerboise, de zorile, sorte de civette au pelage agréablement rayé brun et blanc, et dont le musc est un objet de trafic pour les Arabes.

C'était peu, il est vrai, pour la faune africaine qui compte dans ses cinq ordres : quadrumanes, carnassiers, rongeurs, pachydermes et ruminants (les édentés et les marsupiaux n'existant pas en Algérie), tant d'animaux absolument distincts les uns des autres.

Sans parler des macaques, ours, belettes, mulots, musaraignes, chauve-souris, lièvres, lapins, sangliers, cerfs, daims, communs aux deux rives de la Méditerranée, on rencontre encore ici les grands félins : le lion de l'Atlas improprement dit : *le roi du désert*, où il ne se montre jamais, la panthère, le guépard, l'once, le lynx, la hyène, le porc-épic, la genette, le caracal, la mangouste, l'addax, la gazelle, l'antilope, le bubale, le mouflon arouï, etc. Ces derniers appartenant spécialement à la faune désertique.

OISEAUX. — Parmi les quarante ou cinquante espèces réparties entre les oasis et les steppes de sable, les oiseaux de proie étaient les mieux représentés.

L'aigle royal (*aquila fulva*), le vautour arrian (*vultur cinereus*), au cou complètement dénudé, le percnoptère; tous si respectés par les indigènes à cause de leur spécialité de détruire les cadavres dans le désert, et nommés si justement par un grand poète (Victor Hugo) *tombeaux aériens*; le milan, le falco *tinninculus*, le plus grand ennemi des sauterelles; le faucon noble, dressé à la chasse de la gazelle, du lièvre et de l'outarde, par un procédé analogue à ceux de l'ancienne fauconnerie, et un nocturne : le *strix ascalaphus*, habitant aussi l'Egypte et la Sicile.

Les ordres des passereaux, grimpeurs, gallinacés, échassiers et palmipèdes figuraient seulement pour mémoire, car le petit nombre de chasseurs de notre bande n'avait pu s'attaquer aux oiseaux du Nord, dont la migration à travers le Sahara ne coïncidait pas exactement avec un séjour trop limité ; ils avaient cependant plusieurs traquets, saxicola (*deserti, salina, œnanthe*), un merle nuancé de gris foncé avec semis de taches noires ; le guêpier brillant au soleil d'un éclat tout particulier ; le torcol, une tourterelle des oasis très commune sur les palmiers ; le ganga ; le flamant si disingué par son plumage rose sur lequel se détachent des ailes couleur de feu ; la spatule (*alba*) éclatante par son blanc de neige et quelques autres espèces non moins rares.

Tous ces oiseaux, soigneusement mis en peau, faisaient le plus grand honneur à nos naturalistes.

REPTILES. — A l'exception du grand python de la région des chotts et des crocodiles des petits lacs du pays des Touaregs, il y avait au moins un spécimen des différents genres du groupe saharien.

On nous avait procuré les deux tortues de l'Oasis, l'une petite très bombée (*testudo græca*), elle habite les lieux couverts de broussailles ; l'autre vivant dans les *seguias* et les eaux profondes, où elle plonge avec une incroyable rapidité ; on l'appelle *l'emyde caspienne*. La première fournit un mets délicat.

Après les cheloniens, les sauriens comptaient un beau caméléon, animal des plus étranges par sa propriété de s'assimiler les couleurs avec lesquelles il se trouve en contact.

Entouré d'une étoffe jaune, il devient jaune en quelques minutes ; il tourne au gris foncé quand on le place sur cette nuance et, finalement, revient au vert émeraude, son ton naturel. En liberté, exposé au soleil, il prend instantanément les diverses teintes des feuilles sur lesquelles il passe, de telle sorte qu'il est très difficile à distinguer. S'il chasse, il se blottit immobile contre une branche ; seuls ses gros yeux ronds, articulés comme un compas, tournent rapidement autour de sa lourde tête, puis tout à coup il ouvre la gueule et lance dans l'espace une langue démesurément longue, terminée par une surface collante, qui happe au passage l'insecte dont il fait sa nourriture.

D'autres reptiles avaient été pris par les Arabes et apportés vivants à l'hôtel où ils nous les échangeaient contre quelques pièces de monnaie : le fouette-queue (*uromastix acanthinurus*), grand lézard à la queue hérissée de pointes ; le gecko des murailles, animal absolument inoffensif ; le scinque médicinal, employé comme médicament par les indigènes ; et, dans l'ordre des ophidiens, le céraste cornu (*cerastus egyptiacus*) et la vipère minute (*vipera brachycera*).

Poissons. — M. Jus, ingénieur en chef, avait gracieusement offert un assortiment de poissons conservés dans l'alcool, *chromis, cyprinodons, tilapias*, recueillis par lui à l'orifice de l'un de ces nombreux puits artésiens, dont il a si généreusement doté le Sahara.

Mollusques. — Les coquillages, très nombreux sur les côtes barbaresques et la région tellienne, sont rares dans le désert ; à peine une vingtaine d'espèces terrestres et autant d'aquatiques, toutes participant également aux types de l'Espagne et à ceux propres à l'Orient.

Des melania fasciolata, des melanopsis prœmasa couvrant de leurs coquilles les grosses pierres qui bordent les ruisseaux; des haléophiles, confirmant par leur présence au milieu des sables salés du désert, l'hypothèse d'une mer Saharienne s'étendant autrefois jusqu'à l'Atlantique, en laissant le massif de l'Atlas relié à la péninsule ibérique.

Des hélices, en petit nombre, complétaient le lot des mollusques.

CRUSTACÉS. — On n'avait pu trouver que deux espèces : le crabe d'eau douce, très commun dans les eaux de l'Oued-Biskra, et une variété d'oniscus qui se creuse des terriers dans le sable d'où le nom de Gab-el-Ard, (*âne de terre*), l'âne étant employé ici à charrier le sable.

ARACHNIDES. — Parmi la quantité de *fileuses, vagabondes, coureuses, sauteuses*, etc., particulières à la faune barbaresque, une espèce propre au désert avait attiré l'attention de nos chercheurs : la mygale maçonne (*mygale cœmentaria*), énorme araignée qui se construit une demeure dans le sol et en ferme l'entrée par une porte mobile ; on l'appelle improprement *tarentule* et on l'accuse bien à tort d'être venimeuse ; sa morsure, toutefois, cause une vive douleur ; quant aux scorpions, les trois ou quatre différents sujets recueillis au Sahara avaient dû être enfermés à part, pour éviter les mutuelles piqûres de leur redoutable aiguillon.

Les Arabes craignent particulièrement les scorpions; aussi, lorsqu'arrive l'été, où ils sont le plus dangereux, on suspend, au bas des portes, un petit écriteau portant ceci :

*Qu'Allah nous protège, en nous préservant des venins du dehors !*

A Biskra, comme je l'ai observé à la Havane, les enfants se plaisent à entourer le scorpion d'un cercle de charbons ardents, guettant le moment où l'animal, convaincu de son impuissance à franchir l'obstacle, semble se percer de son propre dard avant de mourir.

Insectes. — Les entomologistes n'étaient pas les moins bien partagés, car l'Afrique est très riche en insectes, et si la région de l'Atlas recèle plus spécialement les espèces d'Espagne, pour la raison que j'ai exposée plus haut, le désert nourrit quantité de genres de la faune orientale très appréciés à cause de leur rareté.

Dans l'ordre des coléoptères : des cicindèles ; l'anthia venator, le plus grand insecte du Sahara ; le scarites eucephalus, long de quatre centimètres ; l'hydrophile pistaceus ; le suprinus osiris, l'ateuchus sacré, si souvent reproduit dans les hypogées de la vieille Egypte ; les cétoines aux brillantes élytres ; le julodis silifensis, surnommé par les Arabes *flambeau de la nuit* à cause de son éclat ; le blaps géant, l'héliotaure azuré, la pimélie, les cléones, les adimoines, les titubes et beaucoup d'autres qu'il serait trop long d'énumérer.

Les orthoptères qui comptent dans leur ordre les terribles sauterelles voyageuses n'avaient fourni aucun sujet.

Le criquet, l'une des sept plaies de l'ancienne Egypte, est tout aussi redoutable aujourd'hui qu'au temps des Pharaons, mais il n'apparaît pas à des époques périodiques.

Quelquefois vingt années se passent dans la plus parfaite sécurité, puis tout-à-coup un épais brouillard venant du fond du désert obscurcit l'atmosphère ; le nuage se rapproche avec un bruissement sinistre ; peu à peu il s'abaisse ; il oscille quelque temps dans l'espace et aussitôt la pluie d'insectes commence, pluie inexorable qui ne cesse que lorsque le sol est déjà dépouillé de toute végétation.

Rien ne peut arrêter le fléau; la mer elle-même a été souvent impuissante à protéger la Provence et le midi de la France!

Les nuages de sauterelles varient beaucoup de dimensions. L'un d'eux occupa en 1865, au-dessus de la province de Constantine, un espace d'une lieue carrée (16 *kilomètres*), sur une hauteur de deux cents mètres; d'autres colonnes beaucoup plus considérables ont été observées sur divers points : toutes laissent sur leur passage des myriades d'œufs destinés à propager le fléau qui ne s'éteint pas spontanément mais diminue graduellement et finit par disparaître, pour se montrer de nouveau après un laps de temps indéterminé.

L'invasion de sauterelles de 1866 a causé en Algérie un désastre évalué à plus de soixante millions.

Actuellement, s'il faut en croire un habile observateur, M. Durand, le fléau ne serait plus à craindre; il résulterait en effet d'expériences positives qu'une simple lame métallique dressée sur le talus d'un fossé profond, présenterait un obstacle infranchissable au redoutable criquet.

Des insectes à l'aspect plus séduisant complétaient le bagage de nos naturalistes. Ils avaient pu recueillir, malgré leur petit nombre, vu la quantité d'oiseaux destructeurs des chenilles, quelques *pierides*, des *poliomates*, des *vanesses*, des *satyres*, des *machaons*, des *cléopâtres* (*colias cleopâtra*), papillon jaune citron avec deux taches couleur de sang absolument africain et espagnol, mais fréquentant aussi les garrigues du midi; puis, quelques-uns de ces énormes sphynx, dont le bourdonnement anime les crépuscules des tièdes nuits du printemps algérien; le *deilephila nerii*, vivant sur les lauriers-roses des vallées semées çà et là entre les Hauts-Plateaux ; ces chenilles paraissent au mois de juin et donnent lieu à une seconde éclosion en juillet.

Cet insecte, dont la grosseur dépasse même celle du *sphinx atropos*, le seul papillon qui pousse de petits cris à la façon de certains oiseaux, est souvent porté par le vent du Sud à de grandes distances; notre excellent ami, M. Robert de Burey, l'a plusieurs fois rencontré à Besançon même, s'engouffrant le soir dans les demeures où il tourbillonne follement autour des lumières; il se rapproche *du deilephila celario* (rapide) autre sphynx migrateur, se fixant de préférence sur les vignes.

Enfin, venaient quelques espèces domestiques que deux Arabes, nos voisins, voulaient bien porter sur eux pour ne pas en perdre la race ; aussi mon étonnement fut grand à mon arrivée en France d'en retrouver sur moi-même plusieurs échantillons en parfait état de santé.

Les plus dangereux de ces animaux étaient vivants, et ce n'était pas sans une certaine inquiétude que nous passions les endroits difficiles, car, si nous eussions versé, nous tombions pêle-mêle avec les vipères, les scorpions et autres dont la fragile prison n'eût pu résister au choc. Par bonheur, la voiture était bien équilibrée et surtout bien conservée pour son âge (elle remontait à 1830) ; elle avait même autrefois fourni une brillante carrière lorsqu'elle faisait journellement le service de Paris à Versailles, et produisait encore un certain effet au milieu de ces sables.

. . . . . . . . . . . .

Un chemin de fer de cinquante-quatre lieues relie

Constantine à Bône traversant le Hamman-Maskroutin sur lequel plânent perpétuellement d'épais nuages de vapeurs qui en indiquent au loin l'emplacement. Les eaux atteignent la température des sources les plus chaudes, 95 degrés (14 de moins que celles du Geyser en Islande); elles sont chlorurées sodiques aussi bien que sulfatées calcaires et ferrugineuses se rapprochant ainsi des eaux thermales de Bagnères, de Bath, de Plombières, de Spa, de Bussang et autres localités célèbres; aussi furent-elles fréquentées de tout temps, et le nombre considérable de malades établis ici prouve qu'elles n'ont rien perdu de leur antique renommée.

L'Algérie est un pays privilégié sous le rapport des eaux thermales et minérales; par le nombre et la qualité, elles peuvent rivaliser avec les plus célèbres stations balnéaires du continent européen.

D'après un rapport de M. Ville, inspecteur général des mines, il existerait sur tout le territoire de la colonie 143 sources, dont 33 thermales, 52 minérales et thermales sulfureuses, 37 minérales ferrugineuses et gazeuses, 21 salines et thermo-minérales.

Le nombre de celles actuellement en exploitation est de 49 seulement: 12 pour la province d'Oran; 21 pour celle d'Alger et 14 dans celle de Constantine; c'est donc à peine un tiers de la totalité.

En France, sur 1,027 sources thérapeutiques, 318 sont sulfureuses, 357 alcalines, 215 salines et 106 ferrugineuses; leur débit est de 46,412 litres par minute.

Lorsque l'Algérie sera en mesure d'utiliser toutes ses eaux thermales et minérales, quand elle aura su créer des établissements confortables répondant à tous les besoins des malades, elle tirera de nouveaux et très sérieux profits d'une industrie aujourd'hui languissante, puisque six mille personnes à peine fréquentent annuellement les sources en exploitation.

A deux heures de marche d'Hamman-Maskroutin, près du village de Roknia, se trouvent en grand nombre des sépultures mégalithiques dans lesquelles on a recueilli, dit-on, des bijoux de bronze, d'argent doré, mêlés à des détritus de toutes sortes et à des crânes rappelant les races Kabyle ou Berbère. Les dolmens, très-rapprochés les uns des autres paraissent plus grossiers que ceux de Bou-Merzoud et surtout de Bou-Nouara, autre nécropole située sur la ligne de Bône-Guelma, à 32 kilomètres de Constantine. A quelque distance de Roknia, près du sentier allant à Hamman-Maskroutin, un de ces dolmens isolé renferme un puits encore encombré de terre ; plus loin, un menhyr à enceinte formé d'une roche naturelle (le *monumentum quod ferrum non tetigit* de l'Ecriture) servirait de pierre commémorative à un marabout renommé dans tout le pays par sa sainteté, mais qui n'y fut pas inhumé,

Aux premières époques de la Gaule, on vit aussi les chrétiens surmonter de croix les édifices celtiques et les préserver de la destruction en les abritant sous l'emblème du culte nouveau....

Plus loin, Guelma, jolie ville neuve, est construite à côté de l'ancienne Kalama, aujourd'hui sa citadelle. Nous y visitons le musée établi dans un jardin, à la manière algérienne, et un vieux théâtre bien conservé mais peu abordable; puis le chemin, suivant le cours de la Seybouse, atteint Duvivier, embranchement de la ligne de Soukhâras, laisse sur la gauche l'ancien lac Fezzara actuellement desséché, et arrive à Bône, ville de près de 25,000 habitants.

Elle a beaucoup perdu de son ancienne physionomie, et ses larges rues alignées, plantées d'arbres et ornées de places avec squares et fontaines, lui donnent un cachet européen que ne tempère plus, comme à Alger ou à Constantine, le voisinage de vieux quartiers arabes.

Nous profitons de notre séjour pour visiter les mines de fer d'Aïn-Mochra situées à 34 kilomètres, mais reliées à la ville par un chemin de fer sur lequel le directeur nous offre gracieusement le libre parcours.

Ces mines présentent une très grande animation ; elles sont exploitées sur une surface considérable, tantôt à ciel ouvert, tantôt en galeries souterraines, et livrent chaque jour 1,600 tonnes de fer oxydulé magnétique rendu dans le port de Bône et exporté jusqu'en Amérique pour y être converti en acier obtenu par le système Bessmer.

Ce minerai, le plus riche de tous ceux connus, renferme de 62 à 90 0/0 de fer à l'état de métal, *teneur* exceptionnelle qui permet une exploitation abandonnée sur bien des points, comme Mouzaïa ou Aïn-Barbar faute de combustible, la houille ayant fait jusqu'ici défaut au sol de l'Algérie, si riche en minerais divers.

Tout en visitant ces immenses chantiers, nous remarquons l'anxiété des nombreux ouvriers européens occupés aux travaux de la mine. Ils commentent entre eux la gravité des dernières nouvelles du Sud, et se demandent avec inquiétude si l'insurrection, se propageant de l'Est à l'Ouest, ne va pas envahir les paisibles territoires du Tell.

Qu'il prenne fantaisie, disent-ils, à quelque marabout illuminé, tel que Bou-Amema, et l'on pourrait ajouter aujourd'hui au Mahdi, enhardi par son triomphe sur les Anglais, de marcher contre l'Algérie, puis de se ruer sur nos riches vallées; les colons, fuyant à son approche, ne lui opposeraient aucune résistance ; et pour peu que les goums ralliés, mis en présence de l'étendard de l'Islam, brisent leurs serments de fidélité, l'ennemi pourra pénétrer jusqu'au cœur de nos plus grandes villes.

Autrefois, les conquérants élevaient de tous côtés des postes d'observation destinés à surveiller les plateaux et les plaines ; c'étaient, au besoin, des lieux de refuge pour les habitants isolés ; on était prévenu d'un mouvement, on savait prendre ses mesures. Aujourd'hui, l'on semble avoir renoncé à ce système et nous pourrions citer des lignes offrant une haute importance au point de vue stratégique, telles que celles de l'Atlas, depuis Oran jusqu'à Alger, sur lesquelles on ne rencontre aucune redoute. Les Arabes, cependant, utilisent les positions élevées, car la nuit, nous avons souvent remarqué sur la crête des montagnes une quantité de feux qui sont évidemment des signaux.

Au temps où les bureaux arabes fonctionnaient avec vigueur, on avait sous la main des colonnes de chaoucks, et, si quelque fanatique tentait un soulèvement, si un européen était lâchement assassiné, le crime était immédiatement puni sans bruit, sans ostentation ; on prévenait au lieu de réprimer et chacun vivait insouciant sous l'égide de cette institution, dont je ne cherche cependant pas à faire l'apologie, car je sais qu'elle a amené de nombreux abus.

Après quelques années d'une tranquillité factice, on a abandonné ce régime.

L'ère de la paix sincère, de la subjugation de l'élément indigène, en un mot de la possession pacifique, avec suppression de l'armée, est-elle donc arrivée ? apparaîtra-t-elle même jamais ?

Pour moi, j'hésite à le croire, car aucun peuple n'a

su se maintenir ici sans une force redoutable, disséminée sur tous les points du territoire et reliée par d'innombrables tours à signaux, dont on retrouve encore les traces.

On envoyait de vieux régiments composés d'hommes aguerris, faits au climat, et non de jeunes recrues, soldats dont les plus âgés ne comptent pas quatre années de service. Les Romains, qui s'entendaient en colonisation et n'avaient cependant pas à lutter comme nous contre le fanatisme musulman, formaient des villes entières de légionnaires; ils distribuaient les terres annexées à leurs vieilles troupes et en faisaient ainsi des armées de colons, capables de prendre les armes à la moindre alerte. Pourquoi ne pas agir comme eux ?

Le maréchal Bugeaud voulait créer sur les frontières méridionales une ligne de concessions au profit des soldats libérés, avait-il raison ?

Quant à l'Arabe, doit-on le refouler vers le Sud ? Evidemment non : ce serait reculer la difficulté; il faut encore moins l'anéantir. La seule marche réellement pratique n'est-elle pas de faire son éducation en envoyant les fils des grands chefs à nos écoles, non pas de Paris, mais du midi de la France comme font les Anglais pour les Cipayes dans l'Inde, comme les Américains pour les Indiens du Far-West, et comme firent les Romains pour les fils des Barbares de leurs plus lointaines provinces.

Je n'en dirai pas davantage; je tenais à rapporter ici ce qui se répète un peu partout; quant à moi, j'abandonne ce sujet aux personnes compétentes. Je me tais pour éviter qu'on me réponde : faites de la science, faites de l'art, mais ne vous mêlez pas de politique. Et c'est absolument mon avis.

Après l'exploitation métallurgique de Mokta-el-Hadid (*la montagne de fer*), les chênes-liège des versants de l'Edough procurent encore d'importantes ressources au commerce de la ville de Bône.

L'industrie du liège occupe un grand nombre d'ouvriers, car l'écorce de l'arbre doit subir plusieurs opérations avant d'atteindre le degré d'élasticité nécessaire à ses applications si diverses.

L'enlèvement de l'écorce ou *démasclage* se pratique lorsque le chêne atteint l'âge de vingt ans; deux fois encore, à dix ans d'intervalle, on lui fait subir le même travail, et, à la troisième *tire* seulement, c'est-à-dire à quarante ans, l'arbre donne un produit présentant une valeur marchande. Le liège alors est traité par l'eau bouillante ou exposé au feu, puis dressé sous de fortes presses et classé selon sa valeur (100 et 250 fr. les 100 kilos).

Mais si l'exploitation du chêne est productive au point de vue de l'écorce, elle retire un grand charme à l'arbre dont le tronc ravagé, noirci, donne à la forêt l'aspect lugubre des bois éprouvés par le feu; aussi l'artiste en quête de paysages ou de belle nature fera bien d'éviter la pénible ascension des versants de l'Edough.

Notre dernière journée fut consacrée à Hippône. La vieille cité, qui eût longtemps l'honneur d'être la première ville d'Afrique (*Hippo Regius*), supérieure même à Carthage, ne devait pas résister à la fureur des Vandales; ils la saccagèrent au commencement du Ve siècle et les vestiges de palais, d'aqueducs, de thermes, de voies romaines sont là pour attester les phases glorieuses de son antique splendeur.

Toutefois, un nom a survécu à tant de ruines... saint Augustin !....

Aujourd'hui que l'Afrique est à même de recevoir enfin l'influence de la civilisation mi-partie latine et chrétienne, représentée au nord par la France et au sud (*le Cap*) par l'Angleterre biblique, cette grande figure de l'Apôtre est bien faite pour fixer l'attention de tout moraliste et de tout politique.

Doué d'une science immense et d'une éloquence merveilleuse, cet illustre *conférencier*, intrépide champion de la raison humaine, avait à la fois toutes les séductions de la parole et de la beauté juvénile, jointes à la puissance de la logique nourrie d'une vaste érudition classique, comme l'enchanteur et rebelle Abeylard. Il représentait donc au IV$^e$ siècle la civilisation romaine encore puissante et très lettrée, mais plus forte par son administration centralisée que par sa doctrine.

Quel admirable spectacle rétrospectif de la lutte éternelle de la foi et du rationalisme qui se poursuit si vivement encore sous nos yeux dans notre siècle : cet orgueilleux, audacieux et sceptique *causeur* à la mode, cet épicurien scandaleux comme tant d'hommes de plaisir égarés, aveuglés même par les passions, est un jour éclairé et se fait chrétien subitement comme saint Paul; ordonné prêtre, il devient l'évêque d'Hippône et, pendant trente-cinq ans, maintient l'Eglise d'Afrique à l'apogée de sa gloire !

Après avoir ajouté l'éclat de la sainteté à celui du génie, saint Augustin meurt au moment même où les Vandales, assiégeant Hyppône, se disposent à détruire de fond en comble une brillante civilisation dont l'apôtre avait été le plus zélé promoteur.

Cette tâche, interrompue pendant tant de siècles, la France va la poursuivre.

Elle reprend aujourd'hui l'œuvre de colonisation de l'Afrique par le code et l'évangile, dont Livingston, Stanley et M. de Brazza sont les pionniers intrépides, et c'est à ce point de vue que la conquête de l'Algérie sera plus tard une des pages les plus glorieuses de l'histoire de notre siècle.

. . . . . . . . . . . . . . . . . . . .

Du haut du mausolée de saint Augustin, suspendu sur les ruines d'Hippône, je dis un dernier adieu à cette terre d'Afrique qui nous fut si hospitalière; j'envoie un souvenir à la vaillante armée à qui nous devons la conquête et la possession pacifique de notre chère colonie; et, remerciant du cœur tous ceux qui nous ont témoigné tant de sympathie et nous ont facilité l'accomplissement de notre long voyage, je retourne à Bône où je m'embarque pour la France.

# TABLE

|     |                                                                                                                                                                                                                                         | Pages |
| --- | ----------------------------------------------------------------------------------------------------------------------------------------------------------------------------------------------------------------------------------------- | ----- |
| I.  | Débarquement en Afrique                                                                                                                                                                                                                 | 7     |
| II. | La Ville d'Oran. — Quartiers Français, — Espagnol, — Maure, — Arabe, — Nègre                                                                                                                                                            | 9     |
| III.| Les Remparts. — Les Bains de la reine. — La Mosquée. — Le Mouezzin. — Le Général Cerez. — Excursion à Misserghin. — Le Grand Marabout. — L'Agha d'Oran. — Un Khalifâat. — Le Père Abram. — Les Écoles des sœurs                         | 12    |
| IV. | Les Flamants du lac Sebkâ. — Le Rio-Salado. — Aïn-Temouchent. — Ville royale de Tlemcen. — Les Mosquées. — Le Méchouar. — Les Cafés Maures                                                                                              | 19    |
| V.  | Le Peintre Simoni. — Cérémonie des Aïssaouas. — Rapprochement avec les Derviches tourneurs, les Fakyrs, les Pythonisses, les Convulsionnaires.                                                                                          | 25    |
| VI. | Le Général Louis. — Le Capitaine Petit-Maire. — Forêts de Taterni et d'Afir. — La Mer d'halfah. — Caravanseraï d'Aïn-Ghorabah. — Le Ricanement de la hyène. — Une Chasse à la panthère.                                                 | 29    |
| VII.| L'Interprète de l'armée, M. Alata. — Mosquée de Sidi-bou-Medine. — La Koubba. — Agadir. — Marabout des femmes stériles. — Cités troglodytiques. — Ville ancienne de Mansoura. — Le Minaret                                              | 35    |
| VIII.| Les Arabes. — Les Kabyles ou Berbères. — Les Maures. — Les Juifs. — Les M'zabis. — Les Biskris. — Les Nègres. — Origines phéniciennes. — Le Baron de Moyecque                                                                          | 41    |

|                                                                                                                                                                                                              | Pages |
| ------------------------------------------------------------------------------------------------------------------------------------------------------------------------------------------------------------ | ----- |
| IX. Cimetière arabe. — Les Nasses à perdrix. — Les Halfahtiers. — Cascades d'El-Ourit. — Aïn-Fezzan. Excursion en cacolets. — Grottes des Hal-el-Oued. | 48 |
| X. Les Villages agricoles. — La Moricière. — Sidi-bel-Abbès. — Sidi-Brahim. — Barrages de Saint-Denys-du-Sig et de l'Habra. — Mostaganem. — L'Atlas. — Le Chéliff. — Orléansville. — Milianah. — Hamman R'hira | 56 |
| XI. Les Gorges de la Chiffa. — Le Ruisseau des Singes. — Le macaque de Gibraltar et la Mer Saharienne. — Medeah | 64 |
| XII. Les Jardins de Blidah. — Les Orangeries. — Le Maire, député de Blidah, M. Mauguin. — La fête du Bois sacré. — Le Commissaire. — Le Rhamadan des Noirs. — Danses soudaniennes. — Le Tombeau de Sidi-el-Kebir | 73 |
| XIII. Bouffarik. — Plaines de la Mitidja. — La Fée Mitidja. — Cultures du Tell. — Grandes fermes de M. Arlès-Dufour. — Domaine de M. le comte de Richemond. — Les Vins d'Afrique | 81 |
| XIV. Les Colons. — Le Gouvernement colonial. — Comparaison entre colonies françaises et colonies anglaises. — Le Trans-Saharien. — La Mer Intérieure. — Le Trans-Continental Nord-Afrique. | 89 |
| XV. Conquête de l'Algérie | 96 |
| XVI. Ouverture du Congrès. — M. Albert Grévy. — Alger. — La Ville neuve. — La Ville arabe. — Le Guide Rabah. — La Kasbah. — Le Préfet d'Alger, M. Firbach. — Grande fête chez le Gouverneur. | 104 |
| XVII. La Rue du Sphynx. — Les Aïssaouas d'Alger. — M. Brongniard. — Les Charmeurs marocains. — La Danse des serpents. — Le Ceraste cornu | 114 |
| XVIII. Fêtes en l'honneur du Congrès. — Danses mauresques. — Les Almées. — Les You-you. — Danses arabes et sahariennes | 121 |
| XIX. Cavalcade. — Combats de taureaux. — Courses de chevaux. — Military. — Grande Fantasia des goums | 126 |

TABLE.

Pages

XX. Les Sacrifices de poules à Sébâ-Aïoum. — Les Repas funéraires. — Bou-Kobrin. — Le Hamma, jardin d'acclimatation. — M. Rivière. — Les Autruches. — M. Bombonnel. — Une Lionnerie. — Les Fosses à lions d'Aïn-Hazen. — Le Réveil du lion............. 135

XXI. Excursion au Khour-er-Roumia, mausolée des rois de Mauritanie. — El-Afroun. — Le Lac Halloûlah. Le Sahel. — Chasse au porte-épic. — Une Nuit dans le Tombeau de la Chrétienne. — M. O'Mac-Carthy. — Montebello. — Forêt de Sidi-Sliman. — Marengo. — Tipaza. — Le Maire, M. Trémaux. — Antiquités romaines........................... 145

XXII. Les Musulmans à la mosquée. — Mosquée de la Marine. — Mosquée de la Pêcherie. — Les Chrétiens à l'Église. — Cathédrale St-Philippe. — Un Office de Pâques à Alger. — S. E. le Cardinal de la Vigerie. — L'évêque de Constantine. — Gloire et décadence du peuple arabe. — Les Palais de la Djeninâ. — Départ d'Alger......... 157

XXIII. La Grande Kabylie. — Rouïba. — Tizi-Ouzou. — Les Beni-Iratem. — M. de Calavon. — Les Céramiques kabyles. — L'administrateur. — Communes mixtes. — Communes de plein exercice. Le Sous-Préfet, M. Boyenval................. 171

XXIV. Voyage à mulet. — L'Oued-Aïssi. — Le Sébaou. — Le Fort-National. — Le Djurjura. — Azib-Zamoun. Les Blonds aux yeux bleus. — Henri Martin et de Quatrefages. — Delhys. — Bougie. — La Petite Kabylie. — Les Gorges du Châbet-el-Akhrâ....... 181

XXV. Sétif. — Les Tatouages des femmes arabes. — Séquestres des douars arabes. — Le docteur Magitot. — Constantine. — Un Repas à l'arabe. — Chasse aux vautours. — Le Jeu des Trois coquilles. — Les Eaux de Sidi-Mécid. — Source thermale de Bourmat-el-Rabat. — Bain des Mauresques.............................. 187

XXVI. Vallée de Bou-Merzoud. — Les Mégalithes, pierres celtiques. — Origines et distribution de ces édifices. — Le Medra'cen, mausolée des rois de Numidie. — Batna. — Ville romaine de Lambœsis. — Ascension du Tougourt. — Forêt de cèdres dans l'Aurès. — Incidents de voyage............ 197

XXVII. La Fièvre du lion. — Le Docteur Desjardins. — Oasis d'El-Kantara. — Les Fossiles. — La Montagne de sel gemme. — El-Outaïa. — Vue du désert. — Oasis de Biskra. — La Foudre globulaire. — Le Santon............................ 210

XXVIII. Le Grand Désert du Sahara. — Voyage sur les chameaux. — Les Méhara. — Chasse du lièvre et de la gazelle. — Les Caravanes. — Puits artésiens. Pisciculture en Algérie. — La Flore saharienne. — Jongleurs soudaniens....................... 218

XXIX. Les Palmiers. — Le Hakem. — Achat de bijoux. — Le Juif. — Le charmeur de Nadjas. — M. Lataste. — Le docteur Molle. — Les jongleurs égyptiens. — Les psylles de l'Inde. — Ben-Gana. — Grand repas chez un Khalifah de l'Aurès. — Une diffah. 229

XXX. La Faune saharienne. — Pluie de sauterelles. — Le Hamman-Maskroutin. — Les Sources thermales en Algérie. — Sépultures mégalithiques de Roknia et de Bou-Nouara. — Guelma. — Duvivier. — La Seybouse. — Le Lac Fezzara. — Mines d'Aïn-Mochra. — La Montagne de fer. — Chênes-liège de la forêt de l'Edough. — Ville ancienne d'Hippône. — Tombeau de saint Augustin. — Bône. — Départ d'Afrique............ 242

Table des matières.................................. 259

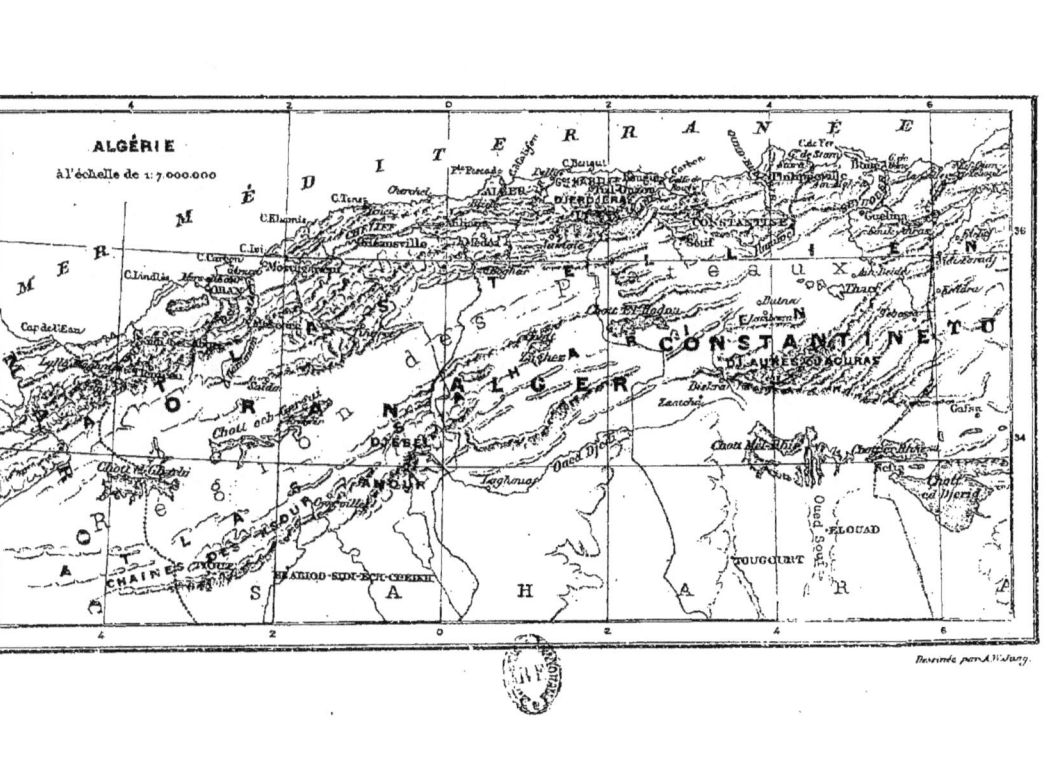

# OUVRAGES DU MÊME AUTEUR

Rapport sur les Conifères, Publié par la Société d'acclimatation de France; Paris, 1875.

Etude sur les Monuments de Silex antérieurs à l'histoire, publié par l'Association française pour l'avancement des sciences, Congrès du Havre; Paris, 1877.

Rapport à M. le Ministre de l'Instruction Publique et des Beaux-Arts. — Exposition artistique; Evreux, 1880. — Chez l'auteur, à Ecos (Eure); Prix...................... 1 fr. »

Projet de Vulgarisation des Sciences Préhistorique et Géologique, Lecture à la Sorbonne; Paris, 1880.

Discours à la Distribution des Récompenses aux Artistes, Evreux, 1880.

Etude archéologique sur la Forteresse et le Château de Gisors, Lecture à la Sorbonne; Paris, 1884. — Chez Lapierre à Gisors, et chez l'auteur à Ecos (Eure); Prix........ 1 fr. »

Six Semaines en Algérie, (1re Edition, 176 pages) Paris, 1881. — Chez Canson, éditeur, rue des Beaux-Arts, 21, Paris, et chez l'auteur, à Ecos (Eure); Prix...................... 3 fr. »

L'Art préhistorique dans l'Ouest, et notamment en Haute-Normandie, publié par la Société Libre de l'Eure. Ouvrage honoré d'une souscription ministérielle pour les Bibliothèques nationales de France. — Un fort volume in-8° de 600 pages avec gravures; Evreux, 1879. — Chez Canson, Editeur, rue des Beaux-Arts, 21, Paris; Au siège de la Société Libre de l'Eure, Evreux, et chez l'auteur à Ecos, (Eure); Prix................ 15 fr. »

| Chap. | | Pages |
|---|---|---|
| 1. | Considérations générales............................... | 1. |
| 2. | L'âge de pierre en Haute-Normandie.................. | 35. |
| 3. | L'âge du bronze et les métaux précieux............... | 83. |
| 4. | Monuments antérieurs à l'histoire..................... | 127. |
| 5. | Station mégalithique des rives de l'Epte............. | 151. |

| Chap. | Pages. |
|---|---|
| 6. Complément de la Station | 177. |
| 7. Monuments mégalithiques de l'Ouest | 213. |
| 8. Observations sur les édifices préhistoriques | 263. |
| 9. Les Druides et les Celtes | 317. |
| 10. Les monceaux de silex | 349. |
| 11. Tumuli et Oppida | 371. |
| 12. Sépultures anciennes | 421. |
| 13. Résumé et Conclusion | 463. |
| Appendice. Ecos aux époques Gallo-Romaine et Franque | 489. |

## CHAPITRE PREMIER

« Aussi loin que notre imagination puisse remonter au-delà de
« ce que la tradition et l'histoire nous ont fourni de preuves
« écrites, la science nous fait entrevoir comme un mirage fantas-
« tique, un paysage étrange, peuplé de créatures plus étranges
« encore.

« Dans ce riche pays qui deviendra, plusieurs milliers d'années
« plus tard la Haute-Normandie, sur l'emplacement de ces pla-
« teaux fertiles qui s'appelleront un jour le Vexin, et forment
« aujourd'hui près de quatre départements, il nous semble voir
« d'impénétrables forêts où la fougère en arbre, le palmier des
« zones tropicales mêlent leur poétique feuillage à celui de l'orme,
« de l'aulne et du bouleau des climats tempérés. Des lianes vigou-
« reuses et souples enlacent les gros troncs à l'écorce rugueuse
« s'élancent capricieusement d'une branche à l'autre, grimpent
« jusqu'aux sommets les plus élevés pour retomber en spirales
« gracieuses ou se balancer dans l'espace. Tout un monde de
« bêtes fauves s'abrite sous les profondeurs de ces fourrés inex-
« tricables.

« Au fond des vallées semées de fleurs aux couleurs les plus
« éclatantes, ondulent au moindre souffle les tiges flexibles de
« bambous aussi hauts que les arbres. Des tapis de mousse et
« d'hépatiques aux surfaces moelleuses décorent le bord des ruis-
« seaux; dans l'herbe luxuriante paissent tranquilles et insoucieux
« d'innombrables troupeaux de cerfs et de bœufs gigantesques;
« plus loin, de monstrueux éléphants à la crinière rousse, aux
« redoutables défenses s'avancent gravement à travers le maré-
« cage, laissant derrière eux un long sillon de roseaux foulés.

« Au flanc de la falaise, entre deux énormes rochers écartés par
« la foudre, apparaît une forme humaine levant fièrement la tête
« vers le ciel: c'est le troglodyte. Il saisit une branche à l'extré-
« mité de laquelle est fixée une pierre; en un instant il est
« descendu dans la prairie, glisse doucement parmi les hautes

« herbes, puis, s'élançant d'un bond rapide il fait siffler dans l'air
« sa massue dont un coup terrible atteint le front d'un bœuf cou-
« ché paisiblement et ruminant à l'écart du troupeau.

« L'animal surpris à l'improviste, pousse un mugissement
« farouche ; il veut se relever, mais, les coups pressés se suc-
« cèdent sans relache et l'énorme bête, roulant à ses pieds, expire
« avant même d'avoir pu se défendre.

« Au bruit de la lutte, les cerfs et les bœufs se précipitent
« affolés dans les profondeurs des jungles, tandis que l'homme
« chassant de la voix des nuées de vautours tournoyant sur sa
« tête, dépèce, armé d'un silex aigu, sa proie palpitante encore.

« La provision faite pour le repas de la famille, il regagne sa
« caverne lourdement chargé, dispersant du geste de gros ours,
« des hyènes, des chacals, affamés, pressés de se disputer les
« débris de cette curée fumante.

. . . . . . . . . . . . . . . . . . . . . . . . . . . . . . . . . .